Elogio del caminar

1.ª edición: febrero de 2015
12.ª edición: junio de 2025

Todos los derechos reservados.
Cualquier forma de reproducción, distribución, comunicación pública
o transformación de esta obra solo puede ser realizada con la autorización
de sus titulares, salvo excepción prevista por la ley. Diríjase a CEDRO
(Centro Español de Derechos Reprográficos, *www.cedro.org*) si necesita
fotocopiar o escanear algún fragmento de esta obra.

Título original: *Éloge de la marche*
Colección dirigida por Ignacio Gómez de Liaño
Diseño gráfico: Gloria Gauger
© Éditions Métailié, París, 2000
www.editions.metailie.com
© De la traducción, Hugo Castignani
© Ediciones Siruela, S. A., 2011, 2025
c/ Almagro 25, ppal. dcha.
28010 Madrid. Tel.: + 34 91 355 57 20
www.siruela.com
ISBN: 978-84-16280-61-2
Depósito legal: M-133-2015
Impreso en Anzos
Printed and made in Spain

Papel 100% procedente de bosques gestionados
de acuerdo con criterios de sostenibilidad

David Le Breton

Elogio del caminar

Traducción del francés de
Hugo Castignani

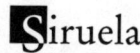

Biblioteca de Ensayo 58 (serie menor)

Índice

Umbral del camino   15

El gusto de caminar   25
Caminar   26
El primer paso   32
La realeza del tiempo   36
El cuerpo   40
Equipaje   48
¿Solo o acompañado?   52
Heridas   57
Dormir   62
Silencio   69
Cantar   79
Largas marchas inmóviles   82
Apertura al mundo   86
Los nombres   92

La comedia del mundo	96
Lo elemental	103
Animales	116
La oblicuidad social	122
Paseos	129
Escribir el viaje	132
La reducción del mundo o caminar	135

Caminantes de horizontes ... 141
Cabeza de Vaca ... 141
Caminar hacia Tombuctú ... 145
La marcha hacia los Grandes Lagos ... 156
La ruta de Esmara ... 167

Caminar urbano ... 174
El cuerpo de la ciudad ... 174
Ritmos del caminar ... 191
Oír ... 195
Ver ... 201
Sentir ... 203
Aspirar ... 207

Espiritualidades del caminar 209
Itinerancias espirituales 209
Caminar con los dioses 220
Caminar como renacimiento 231

Fin del viaje 239

Bibliografía: Compañeros de ruta 243

Para Hnina,
que siempre se lamenta de que no caminemos más.

Aquel cuyo espíritu está en reposo posee
todas las riquezas. ¿Acaso no es igual que
aquel cuyo pie está encerrado
en un zapato y camina
como si toda la superficie de la Tierra
estuviera recubierta de cuero?

HENRY-DAVID THOREAU

Umbral del camino

Cuando revivo dinámicamente el camino que «escalaba» la colina, estoy seguro de que el camino mismo tenía músculos, contramúsculos. En mi cuarto parisiense, el recuerdo de aquel sendero me sirve de ejercicio. Al escribir esta página me siento liberado del deber de dar un paseo; estoy seguro de que he salido de casa.
GASTON BACHELARD, *La poética del espacio*

Caminar es una apertura al mundo. Restituye en el hombre el feliz sentimiento de su existencia. Lo sumerge en una forma activa de meditación que requiere una sensorialidad plena. A veces, uno vuelve de la caminata transformado, más inclinado a disfrutar del tiempo que a someterse a la urgencia que prevalece en nuestras existencias contemporáneas. Caminar es vivir el cuerpo, provisional o indefinidamente. Recurrir al bosque, a las rutas o a los senderos, no nos exime de nuestra responsabilidad, cada vez mayor, con los desórdenes del mundo, pero nos permite recobrar el aliento, aguzar los sentidos, renovar la curiosidad. Caminar es a menudo un rodeo para reencontrarse con uno mismo.

La facultad propiamente humana de dar sentido al mundo, de moverse en él comprendiéndolo y compartiéndolo con los otros, nació cuando el animal humano, hace millones de años, se puso en pie. La verticalización y la integración del andar bípedo favorecieron la liberación de las manos y de la cara. La disponibilidad de miles de movimientos nuevos amplió hasta el infinito la capacidad de comunicación y el margen de maniobra del hombre con su entorno, y contribuyó al desarrollo de su cerebro. La especie humana comienza por los pies, nos dice Leroi-Gourhan (1982, 168)[1], aunque la mayoría de

---

[1] Junto al apellido del autor, se incluyen entre paréntesis el año de edición de la obra y la página a la que se refiere cada cita. Puede encontrarse el título concreto en la bibliografía situada al final de este libro. [Cuando existe traducción al castellano, la fecha de publicación y la paginación corresponden a la edición

nuestros contemporáneos lo olvide y piense que el hombre desciende simplemente del automóvil. Desde el Neolítico, el hombre tiene el mismo cuerpo, las mismas potencialidades físicas, la misma fuerza de resistencia frente a los fluctuantes datos de su entorno. La arrogancia de nuestras sociedades podrá ser criticada como se merece, pero lo cierto es que disponemos de las mismas aptitudes que el hombre de Neandertal. Durante milenios, los hombres han caminado para llegar de un lugar a otro, y todavía es así en la mayor parte del planeta. Se han desvivido en la producción cotidiana de los bienes necesarios para su existencia, en un cuerpo a cuerpo con el mundo. Seguramente, nunca se ha utilizado tan poco la movilidad, la resistencia física individual, como en nuestras sociedades contemporáneas. La energía propiamente humana, surgida de la voluntad y de los más elementales recursos del cuerpo (caminar, correr, nadar...), hoy raramente es requerida en el curso de la vida cotidiana, en nuestra relación con el trabajo, los desplazamientos, etc. Ya prácticamente nunca nos bañamos en los ríos,

en español y el texto se reproduce íntegramente según la versión citada *(N. del T.)*].

como todavía era común en los años sesenta, excepto en los escasos lugares autorizados; ni tampoco utilizamos la bicicleta (a no ser de una forma casi militante, y no exenta de peligro), y menos aún las piernas, para ir al trabajo o llevar a cabo nuestras tareas cotidianas.

A pesar de los colapsos urbanos y las innumerables tragedias cotidianas que provoca, el coche es hoy el rey de nuestra vida diaria, y ha hecho del cuerpo algo superfluo para millones de nuestros contemporáneos. La condición humana ha devenido en condición sentada o inmóvil, ayudada por un sinnúmero de prótesis. No es pues de extrañar que el cuerpo sea percibido hoy como una anomalía, como un esbozo que debe ser rectificado y que algunos incluso sueñan con eliminar (Le Breton, 1999). La actividad individual consume más energía nerviosa que física. El cuerpo es un resto sobrante contra el que choca la modernidad y que se nos hace todavía más difícil de asumir a medida que se restringe el conjunto de sus actividades en el entorno. Esta desaparición progresiva merma la visión que el hombre tiene del mundo, limita su campo de acción sobre lo real, disminuye su sentimiento de consistencia del yo y debilita su conocimiento de las cosas, a no ser que se frene la erosión del yo mediante ciertas actividades de compensación. Los pies sirven sobre todo para conducir un automóvil o para sostener en pie momentáneamente al peatón en el ascensor o en la acera, transformando así a la mayoría de sus usuarios en unos seres inválidos cuyo cuerpo apenas sirve para algo más que arruinarles la vida. Por lo demás, y debido a su infrautilización, los pies son a menudo un estorbo que podría guardarse sin problemas en una maleta. Roland Barthes señalaba ya en los años cincuenta que «es posible que caminar sea mitológicamente el gesto más trivial y por lo tanto el más humano. Todo ensueño, toda imagen ideal, toda promoción social, suprime en primer lugar las piernas; ya sea a través del retrato o del automóvil» (Barthes, 2005, 26). En francés, de hecho, suele decirse de alguien muy ingenuo que es «tan tonto como sus pies»[2].

Las aplicaciones informáticas proponen incluso paseos virtuales más minimalistas todavía que el de Xavier de Maistre por su habitación. Los usuarios de tan incorpóreas caminatas permanecen sentados, inmóviles ante su ordenador. La pantalla fun-

---

[2] «Bête comme ses pieds», tonto de remate. *(N. del T.)*

ciona como una televisión de cuya programación tienen el control (relativo). El fuego crepita en la chimenea, han buscado albergue en un refugio, la mesa está cubierta de fotografías de la próxima excursión, han desplegado un mapa, los prismáticos descansan en una silla. Se desgranan las señales para hacer creíble este recorrido descarnado. Haciendo clic en el sitio adecuado, las fotografías desvelan su contenido con más precisión, cobran vida y muestran todo lo que hay que ver en el trayecto. Otro clic y la puerta se abre, un sendero aparece, unos pájaros levantan el vuelo. Un movimiento del ratón proporciona información acerca de su nombre, sus costumbres.

Caminar, en el contexto del mundo contemporáneo, podría suponer una forma de nostalgia o de resistencia. Los senderistas, por ejemplo, son individuos singulares que aceptan pasar horas o días fuera de su automóvil para aventurarse corporalmente en la desnudez del mundo. La marcha es entonces el triunfo del cuerpo, con tonalidades diferentes según el grado de libertad del senderista. Es asimismo propicia al desarrollo de una filosofía elemental de la existencia basada en una serie de pequeñas cosas; conduce durante un instante a que el viajero se interrogue acerca de sí mismo, acerca de su relación con la naturaleza o con los otros, a que medite, también, sobre un buen número de cuestiones inesperadas. El vagar parece un anacronismo en un mundo en el que reina el hombre apresurado –disfrute del tiempo, del lugar, la marcha es una huida, una forma de darle esquinazo a la modernidad. Un atajo en el ritmo desenfrenado de nuestras vidas, una manera adecuada de tomar distancia.

Sin embargo, nuestros pies no tienen raíces, al contrario, están hechos para moverse. Si bien caminar ya no es considerado por la práctica totalidad de nuestros contemporáneos (en las sociedades occidentales) como un medio de transporte, incluso para los trayectos más elementales que se puedan concebir, triunfa, pese a todo, como actividad de recreo, afirmación de uno mismo, en busca de la tranquilidad, del silencio, del contacto con la naturaleza: rutas, *trekkings*, popularidad de los clubes de senderismo, de los antiguos caminos de peregrinación, especialmente el de Santiago, recuperación del paseo, etc. A veces estas excursiones están organizadas por una agencia de viajes, pero lo más corriente es que los caminantes se lancen solos, con un mapa en la mano, a los caminos. Algunos caminan unas pocas horas en el fin de semana o en sus ratos libres, otros –entre uno y dos millones en Francia– preparan rutas de varios días, durmiendo en refugios o albergues entre etapa y etapa. La manera en que se denigra masivamente el caminar en su uso cotidiano y su revalorización paralela como instrumento de ocio son hechos que revelan el estatuto del cuerpo en nuestra sociedad. El vagabundeo, tan poco tolerado en nuestras sociedades como el silencio, se opone así a las poderosas exigencias del rendimiento, de la urgencia y de la disponibilidad absoluta en el trabajo o para los demás (convertida, con la aparición del teléfono móvil, en una caricatura).

No he querido escribir una enciclopedia del caminar, ni un modo de empleo, ni un estudio antropológico. Además de las manifestaciones, que son ya un rito habitual de la queja social, existen otros tipos de marcha como forma de protesta cuando un oponente político recorre a pie largos trayectos haciendo tambalear el mundo a su paso a imagen de Gandhi o Mao (Rauch, 1997). También están las andanzas del joven que huye de estación en estación (Chobeaux, 1996) o el penoso deambular de las personas sin techo. Pero los caminos no son los mismos; unos y otros serpentean en dimensiones distintas del mundo y hay pocas posibilidades de que se crucen. Mi intención es más bien hablar acerca de ese caminar consentido que se hace con placer en el corazón, ese que invita al encuentro, a la conversación, al disfrute del tiempo, a la libertad de detenerse o de continuar el camino. Una invitación al placer y no guía para hacer las cosas correctamente. El goce tranquilo de pensar y de caminar.

En este libro, la sensorialidad y el disfrute del mundo están en el centro de la escritura y de la reflexión. He querido darme a la fuga a la vez por la escritura y por los caminos ya abiertos por otros. Y si este libro mezcla en las mismas páginas a Pierre Sansot con Patrick Leigh Fermor, o hace dialogar a Bashō con Stevenson, lo hace sin intención de rigor histórico alguno, pues el objetivo no es ese: se trata únicamente de caminar juntos e intercambiar nuestras impresiones como si estuviéramos alrededor de una buena mesa en un albergue del camino, de noche, cuando el cansancio y el vino desatan las lenguas. Un paseo simple y en buena compañía, en el que el autor quiere también mostrar su disfrute no solo del caminar en general, sino también de sus múltiples lecturas, así como el sentir permanente de que toda escritura se nutre de la de los otros y es de ley en todo texto reconocer esta deuda jubilosa que alimenta a menudo la pluma del escritor. Por lo demás, son los recuerdos los que van a desfilar por aquí: impresiones, encuentros, conversaciones a la vez esenciales e insignificantes; en una palabra, el sabor del mundo[3].

---

[3] He retomado aquí algunos de los análisis que desarrollé de otra forma en mi contribución al volumen de la revista *Autrement*: «La vie, la marche» (Rauch, 1997).

El gusto de caminar

Creo que no podría mantener la salud ni el ánimo sin dedicar al menos cuatro horas diarias, y habitualmente más, a deambular por bosques, colinas y praderas, libre por completo de toda atadura mundana. [...] A mí, que no puedo quedarme en mi habitación ni un solo día sin empezar a entumecerme y que cuando alguna vez he robado tiempo para un paseo a última hora –a las cuatro, demasiado tarde para amortizar el día, cuando comienzan ya a confundirse las sombras de la noche con la luz diurna– me he sentido como si hubiese cometido un pecado que debiera expiar, confieso que me asombra la capacidad de resistencia, por no mencionar la insensibilidad moral, de mis vecinos, que se confinan todo el día en sus talleres y sus oficinas, durante semanas y meses, e incluso años y años.

Henry D. Thoreau, *Caminar*

Caminar

Caminar nos introduce en las sensaciones del mundo, del cual nos proporciona una experiencia plena sin que perdamos por un instante la iniciativa. Y no se centra únicamente en la mirada, a diferencia de los viajes en tren o en coche, que potencian la pasividad del cuerpo y el alejamiento del mundo. Se camina porque sí, por el placer de degustar el tiempo, de dar un rodeo existencial para reencontrarse mejor al final del camino, de descubrir lugares y rostros desconocidos, de extender corporalmente el conocimiento de un mundo inagotable de sentidos y sensorialidades, o simplemente porque el camino está allí. Caminar es un método tranquilo de reencantamiento del tiempo y el espacio. Es un despojamiento provisional ocasionado por el contacto con un filón interior que se debe solo al estremecimiento del instante; implica un cierto estado de ánimo, una bienaventurada humildad ante el mundo, una indiferencia hacia la tecnología y los modernos medios de desplazamiento o, al menos, un sentido de la relatividad de todas las cosas; anima un interés por lo elemental, un goce sin prisa del tiempo. Para Stevenson, «el que pertenece a la hermandad no viaja en busca de lo pintoresco, sino de ciertos felices estados de ánimo, los de la esperanza y el espíritu con que la marcha comienza por la mañana, y los de la paz y la plenitud espiritual del descanso vespertino» (Stevenson, 2005, 137).

En Rousseau, la caminata es solitaria, es una experiencia de la libertad, una fuente inagotable de observaciones y ensoñaciones, el goce bienaventurado de los caminos propicios a los encuentros inesperados, a las sorpresas. Recordando un viaje de juventud a Turín, Rousseau declara su nostalgia y el placer del caminar: «No me acuerdo de haber tenido en todo el curso de mi vida un intervalo más perfectamente exento de cuidados y penas que el de los siete u ocho días que empleamos en aquel viaje. [...] Este recuerdo me ha dejado una afición viva a todo lo que con él se relaciona, sobre todo por las montañas y los viajes pedestres. No he viajado a pie más que en mis días hermosos y siempre agradablemente. Pronto los deberes, los negocios, tener que llevar un equipaje, me obligaron a echármelas de caballero y tomar un coche [...] y desde entonces, en lugar del placer de andar que antes sentía en mis viajes, solo he sentido el anhelo de llegar pronto» (Rousseau, 1979, 69-70).

De camino de Soleure a París, el joven Rousseau habla de la perfección de esos momentos en los que todo consiste simplemente en existir: «En este viaje empleé unos quince días que pueden contarse entre los más dichosos de mi vida. Era joven, morigerado, tenía bastante dinero y muchas esperanzas; viajaba a pie e iba solo. [...] Acompañábanme mis gratas quimeras, y nunca las imaginó más bellas mi ardiente fantasía. [...] Nunca he pensado tanto, existido y vivido, ni he sido tan yo mismo, si se me permite la frase, como en los viajes que he hecho a pie y solo» (Rousseau, 1979, 149-152). Es la misma profesión de fe que anima al joven Kazantzaki: «Ser joven, tener veinticinco años, estar sano, no amar a ninguna persona determinada, hombre o mujer, que pueda estrechar tu corazón e impedirte amar todas las cosas con igual desinterés e igual ímpetu, viajar a pie, completamente solo, una alforja a la espalda, de un extremo a otro de Italia, ya sea en primavera, o cuando llega el verano o, luego, cargado de frutos y de lluvia, el otoño y el invierno, creo que habría que ser muy atrevido para pedir una felicidad mayor» (Kazantzaki, 1975, 208).

Caminar, incluso si se trata de un modesto paseo, pone en suspenso temporalmente las preocupaciones que abruman la existencia apresurada e inquieta de nuestras sociedades contemporáneas. Nos devuelve a la sensación del yo, a la emoción de las cosas, restableciendo una escala de valores que las rutinas colectivas tienden a recortar. Desnudo ante el mundo, al contrario que los automovilistas o los usuarios del transporte público, el caminante se siente responsable de sus actos, está a la altura del ser humano y difícilmente puede olvidar su humanidad más elemental.

Al principio del viaje hay un sueño, un proyecto, una intención. Unos nombres que excitan la imaginación; una llamada al camino, al bosque, al desierto; la intención de evadirse de lo ordinario para una escapada de unas cuantas horas o de unos cuantos años. O quizá la ambición de recorrer una región, de conocerla mejor, de unir dos puntos alejados en el espacio, o incluso la elección del puro vagar. Tenemos literatura, testimonios de viajeros, rumores, palabras sueltas, una incitación a llegar hasta cierto remoto lugar en vez de ir a «contar gatos en Zanzíbar» o las olas de Punta del Este solo porque no podemos imaginar nada más allá. El sueño del fin del mundo es siempre muy poderoso, alimenta quizá en el inconsciente el sentimiento de que, llegados a ese punto y asomándonos a él, veremos un abismo o, si nos mantenemos de pie, un muro inmenso.

Sin duda todos los pretextos son buenos: la asonancia de un nombre, el recuerdo de una carta recibida, de un libro de infancia, la promesa de un plato que queremos probar o de unos días disfrutados en tranquilidad sin alejarnos mucho de casa, o de un drama que deseamos olvidar perdiéndonos muy lejos. Laurie Lee, joven inglés de diecinueve años, abandona su casa natal una buena mañana de verano en 1935 y apenas se complica con el dilema: «Así pues, ¿dónde iría? Era tan solo cuestión de llegar hasta allí. ¿Francia? ¿Italia? ¿Grecia? Nada sabía de ninguno de ellos, no eran más que nombres con un cierto sabor operístico. Tampoco sabía idiomas y, por consiguiente, pensé que se me ofrecía llegar como un recién nacido donde quiera que fuese. Entonces recordé que en algún lugar había aprendido una frase en español para pedir un vaso de agua, y fue probablemente esta rudimentaria línea de comunicación la que me decidió al fin. Resolví ir a España» (Lee, 1985, 43). En diciembre de 1933, pocos meses antes que Laurie Lee, otro inglés de dieciocho años, Patrick Leigh Fermor, abandona el confort de su país natal para recorrer a pie Europa, desde un extremo de Holanda hasta Constantinopla. «Cambiar de escenario, ¡abandonar Londres e Inglaterra y recorrer Europa como un vagabundo o, como me decía a mí mismo de una manera tan característica, como un peregrino o un palmero, un sabio errante, un caballero arruinado. De repente, eso no era tan solo lo que se imponía con toda evidencia, sino lo único que podía hacer. Viajaría a pie, durante el verano dormiría en almiares, cuando lloviera o nevara me refugiaría en graneros y solo me relacionaría con campesinos y vagabundos. [...] ¡Una nueva vida! ¡Libertad! ¡Algo sobre lo que escribir!» (Leigh Fermor, 2001, 24).

Están también los libros, las guías para conjurar el miedo, tener una orientación y evitar así perderse; con su lectura, el sueño despierto se excita y llena, ya antes de comenzar, el periplo de acontecimientos según los distintos lugares, los nombres, las anécdotas destiladas. Y luego tenemos los mapas, con sus líneas y sus colores, de los que conviene deducir en términos musculares y temporales las circunvoluciones, la proximidad de comida y abrigo, los obstáculos a la progresión, los ríos infranqueables, los relieves y, a veces, para quien viaja a lo desconocido y por un largo tiempo, no olvidar la localización de las zonas de frío o de calor, las lluvias, las tempestades, los monzones, las inundaciones posibles y, por qué no, las guerras civiles, etc. Las adversidades meteorológicas, geográficas o sociales pueden hacer imposible el camino y reducir al caminante a la inmovilidad. Lejos del mapa o de la narración, más allá de las líneas imaginarias que movilizan el deseo, se extiende el camino real que hay que seguir, que impondrá sus exigencias a la voluntad y a la resistencia tanto física como moral del viajero. «Tras esas palabras, tras esos signos figurados, que se despliegan convencionalmente sobre el plano ficticio de un papel, tendré que adivinar lo que realmente se encuentra como volúmenes, como piedra o tierra, como montañas o agua, en una comarca determinada del mundo geográfico» (Segalen, 1993, 21).

El primer paso

El tiempo es también por sí mismo un viajero sin reposo, como observa Bashō viendo pasar las estaciones y los días. El caminante impenitente hace de la ruta su albergue, aunque la muerte le salga al paso en el camino. Bashō declara el deseo de partir que crece en su interior tras un largo tiempo de retiro: «Desde hace algunos años, como jirón de nube invitado por el viento, no he parado de abrigar pensamientos de vagabundeo, por lo que estuve vagando por la costa, y el otoño del año pasado volví a mi choza en la ribera, donde quité las viejas telarañas, pero apenas acabado el año, ya en el cielo la niebla que la primavera levanta, se me ocurrió cruzar el paso de Shirakawa, como poseído por un dios y con el corazón enloquecido, como si me hiciera intimaciones el dios de los caminantes, de forma que nada pude ya traer entre manos. Remendé los rotos de mis calzones, cambié las cintas de mi sombrero y, tras aplicar *moxa* a mis rodillas, fue ya todo poner el corazón en la luna de Matsushima, dejar a otros mi vivienda y mudarme» (Bashō, 1993, 27-28).

El primer paso, el único que cuenta según el dicho popular, no resulta siempre fácil: nos arranca de la tranquilidad de la vida cotidiana por un tiempo más o menos largo y nos libra a los avatares del camino, del clima, de los encuentros, de un horario que no limita ningún tipo de urgencia. Los demás, los amigos y los familiares, se alejan al ritmo de los pasos del caminante, batiendo el campo; cada vez le resultará más difícil volver atrás. El joven Laurie Lee se apresta a recorrer los ciento cincuenta kilómetros que separan su pueblo de Londres; pero los comienzos son amargos, la memoria le asalta ante los arbustos cubiertos de ramas de saucos y de gavanzas. Por un lado, la emoción que nace del recuerdo de las temporadas vividas en el hogar familiar; por otro, la ruta ardiente y desierta de un domingo impregnado de indiferencia en un tiempo dichoso en el que los coches todavía eran raros y no habían colonizado todo el espacio. Un mundo se extiende ante este caminante que duda todavía en dar el primer paso: «A lo largo de aquella mañana y aquella tarde solitarias me encontré deseando que apareciera algún obstáculo, alguna liberación, el ruido de pasos apresurados a mi espalda y las voces de mi familia pidiéndome que volviera» (Lee, 1985, 10). Ninguna palabra acudirá a su llamada y romperá su nueva libertad: el mundo, ante él, sin límite, pronto lo llevará en un viaje iniciático por la España anterior a la guerra civil.

El trabajo se pone en suspenso; y con él, todas las actividades rutinarias, las responsabilidades del día a día, los imperativos de la apariencia o de la disponibilidad para los otros. El caminante disfruta de ese precipitarse en el anonimato, de ese no estar para nadie, excepto para sus compañeros de ruta o los encuentros que surgen por el camino. Dar el primer paso es sinónimo de cambiar de existencia por un tiempo más o menos largo.

Los primeros pasos tienen la ligereza del sueño: el hombre camina en el filo de su deseo, con la cabeza llena de imágenes, disponible, sin conocer aún la fatiga que le espera de aquí a pocas horas. «Desde este instante –dice Victor Segalen–, puedo mantener que lo real imaginado es terrible, el mayor de los espantos. Nada sobrepasa el terror de un sueño que tuve aquella noche, víspera de la partida. Debo pues despertarme de un golpe: ya estoy en marcha» (Segalen, 1993, 22). Pero partir no es suficiente, pues hay que preparar bien el viaje y no sobrestimar nuestras fuerzas. El entusiasmo de los primeros días pronto se reduce a unas proporciones más adecuadas, una vez terminadas ya esas aceleraciones repentinas propias de un estado afectivo vagabundo cuando este es dejado en libertad. Habrá que caminar horas o días, o semanas, hasta aprender por fin a andar derecho y a un ritmo regular.

La realeza del tiempo

Caminar se opone a la casa, a todo disfrute de una residencia, pues la fortuna de los pasos transforma al hombre que está de paso en el hombre que está al cabo del camino, inaprensible, a la intemperie, con las suelas desgastadas, ya lejos, pues justamente el mundo es el lugar en que cada noche se queda dormido. Estar aquí o allí no es más que una modulación del hilo del camino. De hecho, el caminante no elige domicilio en el espacio, sino en el tiempo: el alto de media tarde, el reposo de la noche, las horas de comer, inscriben en el tiempo una residencia que se renueva cada día. El caminante es quien se toma su tiempo y no deja que el tiempo lo tome a él. Si elige este modo de desplazamiento en perjuicio de los demás, afirma su soberanía sobre el calendario; su independencia respecto a los ritmos sociales; su deseo de poder dejar su saco a un lado del camino para saborear una buena siesta o alimentarse de la belleza de un árbol o de un paisaje que de súbito le llama la atención; o quizá interesarse en una costumbre local, con la que su buena fortuna le ha permitido cruzarse. Laurie Lee observa cuán inmenso es, a escala del cuerpo humano, el fragmento de Inglaterra por el que camina. «Claro está que un coche podría cruzarla en un par de horas, pero yo tardé casi una semana, caminando despacio, absorbiendo el aroma de sus suelos diversos, dedicando toda una mañana a rodear una sola colina. Tuve la suerte, lo sé, de haber salido en un momento en que el paisaje no había sido trabajado mecánicamente en aras de la velocidad» (Lee, 1985, 12).

A veces, a lo largo de las horas la caminata se hace aburrida debido a la monotonía del paisaje, el calor, o simplemente porque el caminante no alcanza a liberarse de sus preocupaciones ordinarias. Impaciente por llegar al final de la etapa o por volver a su hogar, su camino deviene en una penitencia que le recuerda la de esos días en los que era castigado a correr en el patio del colegio durante todo el recreo. Está impaciente por descargar su saco y pasar a otra cosa. Pero el aburrimiento es a veces también una voluptuosidad tranquila, un retiro provisional lejos de ese frenesí ordinario que nos despierta desamparados y perplejos por la mañana, con las manos vacías y el tiempo lleno de un vago remordimiento por no estar del todo en la tarea. Paradójico sentimiento de pereza que no impide que recorramos una buena treintena de kilómetros cada día.

El caminante es rico en tiempo, libre de pasarse horas visitando un pueblo o rodeando un lago, siguiendo el curso de un río, subiendo una colina, atravesando un bosque, observando los animales o echando la siesta a la sombra de un roble. Él es el único propietario de sus horas, y nada en el tiempo como en su elemento natural. «La cultura de ir al paso –dice Debray– apacigua el tormento de lo efímero. Desde el momento en que cogemos la mochila y nuestra bota pisa los guijarros del camino, la mente pierde el interés por los últimos acontecimientos. Cuando hago treinta kilómetros al día, a pie, cuento mi tiempo por años; cuando hago tres mil, en avión, cuento mi vida en horas» (Debray, 1996, 10). P. Leigh Fermor se detiene durante semanas enteras en los lugares donde ha establecido algún lazo de amistad. Ciertamente, el caminante puede no tener otra opción, teniendo en cuenta la dificultad de penetrar las junglas o los desiertos, y caminar a menudo no es más que un mal menor para ciertas expediciones que se vieron obligadas –como veremos luego en el caso de Burton y Speke– a transigir con largos periodos de tiempo pese al horror que causaba el trayecto. Pero muy a menudo el caminante es un hombre disponible que no tiene que rendir cuentas a nadie; es el hombre de la ocasión, de lo oportuno, el artista del tiempo que pasa, un vagabundo de las circunstancias que se aprovisiona de descubrimientos a lo largo del camino. «No llevar la cuenta del tiempo durante toda una vida, iba a decir, es vivir para siempre. Uno no se hace una idea, a menos que lo haya vivido, de lo infinitamente largo que es un día de verano, que solo mides en función del hambre, y que solo acaba cuando tienes sueño» (Stevenson, 2005, 142).

Todo sentimiento de duración se evapora: el caminante se instala en un tiempo ralentizado a la medida del cuerpo y del deseo. La única premura es a menudo la de ir más rápido que la puesta de sol. El reloj es cósmico, es el de la naturaleza, el del cuerpo, y no el de la cultura con su meticulosa parcelación del tiempo. La libertad en el tiempo es también la de atravesar las estaciones caminando por la misma montaña en un solo viaje, como hacen Matthiessen y su compañero, Georges Schaller, en el altiplano del Dolpo, una región de Nepal fronteriza con el Tíbet adonde fueron para observar el comportamiento de los leopardos de las nieves: «En Raka estábamos en pleno invierno, en Murwa muy cerca del invierno y en Rohagaon a finales de otoño, pero en el valle que desciende hasta Tibrikot los nogales aún conservan las hojas, junto a los cursos de agua los helechos verdes se mezclan con otros de color cobre y yo encuentro una abubilla; golondrinas y mariposas revolotean por el aire tibio. Y así voy viajando en contra del tiempo, a la luz cansada de un verano que agoniza» (Matthiessen, 1995, 321).

El cuerpo

Estamos en 1969. Unos hombres con el cuerpo pesadamente recargado, borrado, redefinido por una suma increíble de prótesis, cumplen un sueño, al menos el sueño de mucha gente: caminar en la Luna. Después de Cyrano o de los personajes de Julio Verne, después de Tintín. Uno de los astronautas, Neil Armstrong, vuelve sobre sus pasos, fascinado por esas marcas que imprimen el suelo del mar de la tranquilidad. Fotografía sus propias pisadas. Evidentemente, no son las marcas del pie desnudo de un Viernes cualquiera: este Robinson no tiene la intención de quitarse los pesados artilugios que le sirven de calzado. Me gusta imaginar –en contra de lo que realmente pasó, pero qué más da– que Neil

Armstrong se siente prisionero bajo ese traje repleto de aparatos que sustituyen todas sus funciones fisiológicas para protegerlo del exterior. Sin sentir temor a tener una necesidad apremiante. Armstrong se pregunta, quizá un poco tarde, que está viendo, tocando, sintiendo, oliendo, degustando, la Luna. Se pregunta qué le contará a su hijo, cuando este le pregunte en el futuro qué sintió en ese momento. Y piensa de pronto con una nostalgia infinita en los ríos de su Montana natal (soy yo quien se imagina eso, aunque en realidad no sé de dónde es, y tampoco me importa). Quisiera quitarse la escafandra y sumirse en el mar de la tranquilidad, recoger un puñado de arena lunar y arrojarlo al vacío para ver si hay viento, correr y sentir el suelo bajo sus pies desnudos. Pero se siente ridículo, arrinconado bajo su instrumental, bajo sus microprocesadores, bajo este pesado traje que lo fuerza a caminar de forma tan patosa. «Qué estupidez estar aquí y no poder hacer nada más que mirar lo que millones de personas están mirando al mismo tiempo. Es como tener anginas y quedarse embobado temblando ante un agua límpida que incita al baño. Caminar sin cuerpo, con este cacharro en la espalda, ¡qué ridículo!», piensa amargamente (o al menos me gusta imaginarlo así). Ante la resistencia del mundo a amoldarse a como nos gustaría que fueran las cosas, podemos inventarnos situaciones que nos den la razón en parte. O por lo menos, si la mala fortuna me hubiera colocado en el lugar de Armstrong, eso es lo que habría ocupado mi mente. El aire libre del mundo es mil veces preferible a la mejor de las escafandras. ¿Qué significa caminar sin cuerpo? Es como nadar sin agua.

Caminar reduce la inmensidad del mundo a las proporciones del cuerpo. El hombre se entrega a su propia resistencia física y a su sagacidad para tomar el camino más adecuado a su planteamiento, el que le lleve más directamente a perderse si ha hecho del vagar su filosofía primera, o el que le lleve al final del viaje con la mayor celeridad si se contenta simplemente con desplazarse de un lugar a otro. Como todas las empresas humanas, incluso la de pensar, caminar es una actividad corporal, pero implica más que ninguna otra la respiración, el cansancio, la voluntad, el coraje ante la dureza de la ruta o la incertidumbre de la llegada, los momentos de hambre o de sed cuando no se encuentra ninguna fuente al alcance de los labios, ningún albergue, ninguna granja para aliviarle al viajero la fatiga de la jornada.

El caminante recorre infinitamente el espacio, pero su periplo es también infinito a través de su cuerpo, que adquiere las proporciones de un continente cuyo conocimiento es siempre provisional. Participa así en carne y hueso de las pulsaciones del mundo: toca las piedras o la tierra del camino, palpa con las manos la corteza de los árboles o las sumerge en los arroyos, se baña en los estanques o en los lagos, se deja penetrar por los olores: olor a tierra mojada, a tilo, a madreselva, a resina, la fetidez de los pantanos, el yodo del litoral atlántico, el aroma de las flores mezcladas que impregna el aire en capas. Siente la espesura sutil del bosque que cubre la oscuridad, los efluvios de la tierra o de los árboles, ve las estrellas y conoce la estructura de la noche, duerme sobre el suelo irregular. Escucha el canto de los pájaros, el temblor de los bosques, los ruidos de la tormenta o los gritos de los niños en los pueblos, la estridencia de las cigarras o el crepitar de las piñas bajo el sol. Experimenta las magulladuras o la serenidad de la ruta, la felicidad o la angustia de la llegada de la noche, las heridas provocadas por una caída o por una infección. La lluvia empapa su ropa, humedece sus provisiones, enfanga el sendero; el frío aminora su avance y lo fuerza a la preparación de una hoguera para calentarse, utilizando todos sus recursos para cubrirlo; el calor hace que la camisa se adhiera a su cuerpo, el sudor fluye sobre sus ojos. Caminar es una experiencia sensorial total que no escapa a ninguno de los sentidos, ni siquiera el del gusto en quien ha probado las fresas del bosque, las frambuesas silvestres, los arándanos, las moras, las avellanas, las nueces, las castañas, etc., según la temporada.

La comida, aunque poca, nunca sabe tan bien como en el momento del alto en el camino, que sigue al esfuerzo continuado durante horas. Caminar transfigura los momentos normales de la existencia, los reinventa con nuevas formas. Laurie Lee describe con una precisión sin igual las mil comidas que aguardan al caminante agotado, la felicidad del reposo, a la espera temblorosa de los primeros platos: «Me desplomé frente a la mesa y permanecí con la cabeza sobre los brazos, escuchando voluptuosamente los movimientos de la mujer: el chocar de la sartén sobre el fuego, el chasquido de la cáscara de un huevo, el siseo del aceite al freír. De mi pelo caían gotas de sudor que resbalaban por mis manos y la cabeza me daba vueltas por el calor, con palpitantes visiones del blanco camino de polvo y el relumbrar metálico de los campos» (Lee, 1985, 61). Y disfrutar sin reservas del agua, el refresco o la cerveza que acaban con la sed tras el agobio del sol. «El primer trago de agua mineral me estalló en la garganta y se deslizó como una cascada de estrellas de escarcha. Después me dieron un plato de jamón y varios vasos de jerez, y una profunda languidez se esparció por todos mis miembros. No guardo otro recuerdo de mis benefactores, o de lo que dijeron; solamente aquellas somnolientas glorias de beber» (Lee, 1985, 73).

La frugalidad de una comida vale a menudo por el mejor festín y deja un recuerdo más imperecedero de saciedad y de gozo. Platos que no son nada se convierten en sabrosas exquisiteces cuando se ven animados por el hambre y la delicia del cansancio de una larga jornada. Cuando quema la sed, un vaso de agua sabe a Château d'Yquem. «Es gracias a lo extremo de la sed que encontrarás la fresa bajo la hoja –escribe Gustave Roud–, gracias al extremo terror a ti mismo que llegarás a la iglesia y su sombra; es en los confines del cansancio y el sueño cuando alcanzamos la ola muerta embebida por la arena de agosto... Es cuando todo en tu interior es derrumbamiento y te hace deslizarte hacia el sueño que sientes el impulso rápido y ligero de la luna en el cielo de medianoche. Hace falta la asfixia de toda el alma para tener un pensamiento que quema luego durante horas y nos ahoga con su humareda, hace falta un oído torturado para escuchar una frase interior que es semilla de adormidera, para oír el canto alado de los bosques, y su desgarradora libertad» (Roud, 1984, 83-84). Rodolphe Töpffer retoma esta idea, dándole un buen consejo al caminante: «No es malo cansarse hasta el punto de que cualquier camastro nos parezca blando o llegar a tener tanta hambre que el apetito se convierta en una sabrosa especia para aquellos alimentos que la naturaleza ha hecho menos exquisitos» (Töpffer, 1996, 9).

Caminar es un modo de conocimiento que recuerda el significado y precio de las cosas, un rodeo fructífero para reencontrar el goce del acontecer. Eric Newby tiene la amarga experiencia de ello al verse forzado a beber agua de los ríos en su progresión hacia el Hindu Kush bajo un sol de acero: «Yo soñaba con todas las bebidas frías que había tomado en mi vida. La cerveza de jengibre que había bebido de niño; cerveza alemana espumosa; cerveza de barril; vino dulce enfriado en un río; jarras de Pimm's; cubitos de hielo...» (Newby, 1997, 265).

Las percepciones sensoriales se limpian de su rutina, se inventan otro uso del mundo. «Pero es por la noche, después de la cena, cuando llega el mejor momento. No hay pipas como las que se fuman después de un buen día de caminata; el sabor del tabaco es algo digno de recordar, es muy seco y aromático, pleno y espléndido. Si terminas la noche con ponche, afirmarás que nunca hubo un ponche semejante; a cada sorbo, una calma jocunda se extiende por tus extremidades, y se asienta fácilmente en tu ánimo. Si lees un libro –y solo lo harás a trancas y barrancas–, encuentras el lenguaje extrañamente animado y armonioso; las palabras adquieren nuevos significados, una sola frase resuena durante media hora seguida, y con cada página te vas encariñando con el escritor gracias a la más grata coincidencia de sentimiento. [...] Y parece que la enérgica caminata te hubiera purgado, más que cualquier otra cosa, de toda estrechez y orgullo, dejando que la curiosidad se desarrolle libremente, como en un niño o en un científico» (Stevenson, 2005, 142-143). El redescubrimiento de la espesura sensible del mundo tiene allí un camino real, ya sea por la incomodidad o el júbilo. Caminar es un método de inmersión en el mundo, un medio para dejarse penetrar por la naturaleza, para ponerse en contacto con un universo inaccesible mediante modos de conocer o de percibir propios de la vida cotidiana. Al filo de su avance, el caminante amplía su mirada del mundo, sumerge su cuerpo en condiciones novedosas para él.

Equipaje

Y siempre con la mochila cargada a la espalda, incluso cuando, con el paso del tiempo, la experiencia nos fuerza a desembarazarnos de lo superfluo, como cuando Stevenson abandona en los caminos de las Cevenas, muy a su pesar, una caja vacía donde metía la leche, el pan blanco cuidadosamente almacenado, sus provisiones de fiambres y un batidor de huevos al que le había cogido un cariño particular. Al final de una jornada de marcha, cuando la espalda ya no puede más, el caminante cree llevar una mochila cargada de piedras. La cantidad de equipaje que uno lleva consigo alimenta la preocupación del viajero durante mucho tiempo. La evaluación de los objetos necesarios exige una alquimia delicada, muy diferente para cada persona. Si bien resulta prudente no cargar demasiado peso, tampoco es bueno escatimar si no queremos arriesgarnos a carecer de lo esencial en un momento dado. La comodidad del viaje es su consecuencia directa, para bien y para mal. Alimentos, productos para el aseo personal, una muda de ropa, saco de dormir, libros, bloc de notas, mapas, etc., nutren un sinnúmero de cuidadosos cálculos.

Sin duda, cada cual tiene sus antojos; hay quien no sale nunca sin unas tabletas de chocolate, quien prefiere las obras completas de Proust o quien se lleva un traje elegante para cuidar su imagen por lo menos por la noche en el refugio. Jacques Lanzmann confiesa que no sale nunca sin una radio pequeña –una carga al fin y al cabo–, ya que no soporta permanecer en la ignorancia acerca de lo que pasa en su tierra natal mientras está en el otro lado del mundo. El equipaje de Patrick Leigh Fermor es ligero, sin duda, pero también indica su origen cultural: «En su mayor parte procedía de la tienda de excedentes militares de Millar, en el Strand: un viejo abrigo militar, varios jerséis, camisas de franela gris y un par de ellas blancas para vestir, una cazadora de cuero flexible, polainas, botas claveteadas, un saco de dormir [...], cuadernos de notas y blocs de dibujo, gomas de borrar, un cilindro de aluminio lleno de lápices Venus y Golden Sovereign, un viejo libro de poemas ingleses editado en Oxford [...] el *Horacio*, volumen I, de Loeb [...]» (Leigh Fermor, 2001, 26). Algunos meses más tarde, habiéndole sido robada su mochila al principio del viaje, se alegra de que la desventura le haya permitido librarse de una pesada mochila, de una ropa de cama no menos molesta y de diverso material igualmente fastidioso. Ya no le queda para terminar su largo viaje más que «un pantalón de franela oscuro y otro de lino claro y ligero; un liviano y apropiado traje de *tweed*; varias camisas, dos corbatas, zapatillas de deporte, unos cuantos *pulls* y pares de calcetines, pijamas», así como unos pañuelos, una brújula, una navaja, velas, cerillas, una pipa, tabaco, cigarrillos y una petaca para los diferentes aguardientes locales. Solamente su capote militar es una verdadera carga. Se ve a la legua que, a pesar de su sentimiento de ligereza, Leigh Fermor no está ni mucho menos libre de una pesada carga de equipaje. Aunque menos cargado, el propio Bashō, que recorre el Japón feudal escribiendo *haikus* entre sus largos retiros de meditación, tampoco se queda atrás en cuanto a sus necesidades para viajar. «Me dolían los hombros. Yo había salido con la idea de ir a cuerpo gentil, pero un abrigo de papel resguarda del frío de la noche, y luego una *yukata* [kimono ligero de verano, hecho de hilo], un impermeable, tinta, pinceles, regalos para bienhechores en ruta, así que me resultó difícil prescindir de muchas cosas y no hubo forma de evitar estas penalidades del camino» (Bashō, 1993, 30).

El equipaje desvela al hombre, desdoblándolo en una forma material que permite adivinar, a cualquier observador imparcial, qué cosas son esenciales para el caminante, y de qué no podría prescindir ni siquiera un solo día sin sentir que pierde su tiempo o que está fracasando. Es la encarnación de una sociología al mismo tiempo que de una psicología. Y sin embargo, el buen material no le es suficiente si las piernas no están a la altura. Rodolphe Töpffer, en sus deliciosos *Viajes en zigzag*, nos recuerda en fin lo esencial: «Cuando uno se va de viaje, es muy conveniente llevar, además de la mochila, una buena provisión de ánimo, de alegría, de valor y de buen humor» (Töpffer, 1996, 9).

¿Solo o acompañado?

La ruta en solitario tiene sus adeptos, desde Rousseau hasta Stevenson o Thoreau. Es una búsqueda de la contemplación, del abandono, del vagabundeo, que se rompería con la presencia de un acompañante obligando al habla, al deber de comunicar. El silencio es el fondo del que debe nutrirse quien camina a solas. Rousseau se muestra muy celoso de su soledad: «Cuando me ofrecían algún asiento vacío en los coches o se me acercaba alguien por el camino, me incomodaba viendo desbaratarse la fortuna cuyo edificio construía mientras iba marchando» (Rousseau, 1979, 149). Y Stevenson teoriza acerca del imperativo de soledad para el caminante: «Para disfrutarla adecuadamente, una caminata hay que emprenderla en soledad. Si uno va acompañado, o incluso en pareja, ya es una caminata solo en el nombre; es otra cosa, que se acerca más a una merienda campestre. Una caminata hay que emprenderla en soledad, porque la libertad es esencial; porque uno debería poder parar y seguir, recorrer un camino u otro, dejándose llevar por sus deseos; y porque uno debe seguir su propio paso, y no apretarlo junto al de un caminante consumado, ni pasear lánguidamente junto a una chica. Y además uno debe estar abierto a todas las impresiones y dejar que sus ideas se empapen de lo que ve. Uno debería ser como una flauta en la que toque cualquier viento» (Stevenson, 2005, 138). Sacando las conclusiones de un viaje difícil, Victor Segalen coincide con las tesis de Stevenson: «Una sólida identidad a sí mismo es condición indispensable para la experiencia exótica. Una consecuencia un poco sorprendente de esta regla es que siempre será mejor viajar solo: con otra persona, se renuncia a una parte de sí mismo para compartir la misma experiencia, arriesgándonos así a ser un objeto: conclusión de un viaje junto a tu mejor amigo en el mundo: viaja solo». Thoreau es bastante más lúcido: «Estoy seguro —escribe en sus *Diarios*— de que si me busco un compañero de paseo, renuncio a cierta intimidad y comunión con la naturaleza. Mi paseo será ciertamente más banal. El gusto de la sociedad prueba el alejamiento de la naturaleza. Adiós a ese algo profundo, misterioso, que encuentro al pasear» (Thoreau, 1981, 106).

Hazlitt, a quien Stevenson cita a menudo, lo dice sin sentimentalismo: «Puedo disfrutar del trato con los demás en una habitación; pero al aire libre la naturaleza es compañía suficiente para mí. En él nunca estoy menos solo que cuando estoy solo. "Los campos eran su estudio/ la naturaleza era su libro." No le puedo ver la gracia a caminar y hablar al mismo tiempo. Cuando estoy en el campo deseo vegetar como el campo. No soy partidario de criticar los setos y las vacas negras» (Hazlitt, 2010, 21-22). Sin embargo, cuando se trata de largas excursiones a determinados lugares, Hazlitt reconoce no despreciar la compañía: «Una persona que se encontrara en los desiertos de Arabia sin amigos ni paisanos casi sentiría que se ahoga: hay que admitir que hay algo en la visión de Atenas o de la antigua Roma que exige la pronunciación de palabras; y reconozco que las Pirámides son demasiado extraordinarias para la contemplación de una sola persona» (Hazlitt, 2010, 48-49). Paul Theroux también intenta preservar su soledad: «[Cuando me encontraba con algún pelmazo], decía que me gustaba caminar. No decía que no tenía otra opción que viajar solo, pues tomaba notas y tenía que pararme para pasarlas al papel. No podía pensar con claridad más que cuando estaba solo» (Theroux, 1986, 100).

Durante su periplo español, Laurie Lee conoce a Romero, un joven vagabundo. Recorren una parte del camino juntos, pero enseguida Lee se cansa de un compañero que le resulta quejica, perezoso y charlatán. «El placer que me producía su compañía duró unos tres días, después se agrió y disminuyó rápidamente. Ya no podía sentirme príncipe de los caminos, el andante solitario que mi fantasía había elegido. Yo había desarrollado una íntima inclinación por la vanidad de la soledad, y la presencia de Romero la interrumpía vivamente» (Lee, 1985, 124). Aprovechando una siesta, que Romero no se saltaría por nada en el mundo, Lee se escapa de su compañía: «Fue un alivio increíble volver a encontrarme solo y me dirigí hacia los montes con la mayor celeridad posible» (125). Todo el resto del día Romero le pisa los talones a Laurie Lee sin conseguir darle alcance, y este, sintiéndose culpable por su actitud, pero ávido también de dejar atrás una compañía tan pesada, se resiste a los gritos del joven vagabundo y no ceja en su empeño. Llamándolo por última vez, Romero desaparece por fin del paisaje y deja a Laurie Lee en la felicidad de una libertad sin trabas. Jacques Lanzmann anuncia sus intenciones desde el principio para disuadir a todo aquel que quiera unirse a él, aunque aparentemente muchas veces comienza el viaje en grupo: «En el camino –previene–, yo soy un tipo insoportable. Tan exigente conmigo mismo como con los otros. Cada vez que he salido con amigos, he vuelto con enemigos. Caminar diez días con alguien es vivir diez años con esa persona. Sus defectos, pero también sus cualidades, desfilan ante mí a cámara rápida. No perdono ni el cansancio, ni el desánimo, ni la cojera. No soporto que alguien haga que me retrase. Que me detenga. Que me haga esperar. Peor para ellos, peor para mí. A quien le guste, que me siga» (Lanzmann, 1987, 50). Ojalá J. Lanzmann nunca sufra una cojera o un desvanecimiento.

La actitud de Philippe Delerm en el paisaje normando es muy diferente. Al comienzo de su libro sobre los caminos, rinde homenaje a su compañera, autora de las fotografías que dan cuerpo a su escritura: «Diez años de vagabundeo en pareja y este es un nuevo privilegio. Compartir el silencio del camino con la mujer amada. Yo tomaba notas, ella sacaba fotos. A partir de este cruce de miradas aparecían más tarde imágenes y palabras que caminaban al paso» (Delerm, 1997, 7). Töpffer, por su parte, nos recuerda una de las ventajas posibles (si bien no siempre presente) de los viajes en grupo, la de la solidaridad: «En cuanto a la cantidad, acarrea consigo la animación, la variedad de la charla y del comercio pero, sobre todo y ante todo, el espíritu de comunidad, de colonia, es decir, de ayuda mutua, de colaboración mañosa, de organización concebida por adelantado o improvisada en el momento, teniendo en cuenta a los pequeños, los débiles, los cojos» (Töpffer, 1996, 147). Sin duda, una buena lectura para Jacques Lanzmann.

Heridas

En *Infancia*, Rimbaud escribe: «Yo soy el peatón del camino real entre los bosques enanos; el murmullo de las esclusas cubre mis pasos. Veo largo rato la melancólica lejía dorada del poniente». Rimbaud se dedica a vagabundear desde los diecinueve años hasta que cumple veintitrés por Bélgica, Inglaterra o Alemania, entre otros países. Viaja de Charleville a Milán, haciendo el recorrido casi enteramente a pie. Pero sus escapadas y sus marchas en libertad se convertirán, una vez pasada la adolescencia, en deambulaciones mucho más interesadas y destructivas, por el hastío que las acompaña. Rimbaud, «el hombre de las suelas de viento» (Verlaine), el «eminente paseante» (Mallarmé), atribuye el cáncer que carcome sus rodillas a las caminatas agotadoras por la región de Harar en Etiopía. Alain Borer cuenta que ni los mulos ni los camellos hacían más de una vez en su vida el trayecto de Harar a la costa: morían durante el camino o eran abatidos al llegar por la dureza del esfuerzo. Rimbaud recorrerá a pie este itinerario una quincena de veces, en las peores condiciones (Borer, 1991). Él, que se soñaba un «peatón, nada más», pierde la pierna debido a estas marchas agotadoras y a un compromiso con el mundo que sus poemas no permiten apenas presagiar.

La desnudez de un recorrido que no precisa de nada más que el propio cuerpo implica la vulnerabilidad del caminante. Las heridas se cuentan por legiones, especialmente en los pies, que son el nervio de la guerra, pues el caminante poco previsor ha aprovechado el viaje para comprarse unos zapatos nuevos poco antes de salir, sin haberlos probado suficientemente más allá de la tienda. Enseguida, las asperezas del material se transforman en rozaduras o ampollas, metamorfoseando en calvario el placer prometido, y las etapas se convierten en paradas de enfermería. En el siglo pasado, Cochrane, que fue a pie hasta el Kamtchatka, tuvo la suerte de que un compañero de ruta le enseñara una fórmula cuya eficacia quedó comprobada: «Se trata, simplemente, de frotarse los pies antes de acostarse con una mezcla de alcohol y de sebo de vela. Al día siguiente, las ampollas habían desaparecido» (Dundas Cochrane, T1, 1829, 12).

Poco a poco, el calzado se acopla a los pies, o a la inversa. «Yo llevaba ya casi un mes en la carretera desde mi llegada a Vigo y me iba adaptando a los caminos. En un principio iba renqueante, pero mis ampollas se habían endurecido y podía ya caminar sin dolor» (Lee, 1985, 90). De manera sorprendente, como si fuera una especie de homeopatía para los hipotéticos problemas futuros, el joven Kazantzaki se ve tan henchido de la felicidad que siente al caminar por las rutas italianas que decide infligirse un doloroso correctivo, como si demasiada alegría amenazara con asfixiarlo: «Recuerdo que en Florencia me sentía tan feliz que comprendí que eso superaba los derechos de los humanos y tuve que procurarme un medio de sufrir. Fui, pues, a comprarme un par de zapatos demasiado estrechos. Me los ponía por la mañana y me hacían tanto daño que no podía caminar y andaba a saltitos como un gorrión. Por la mañana, hasta mediodía, era desdichado; pero después de comer, cuando me cambiaba los zapatos y salía a pasear, ¡qué felicidad! Caminaba tan ligero que me parecía volar» (Kakantzaki, 1975, 210).

Pequeñas o grandes, las heridas son el pan de cada día de los caminantes. Eric Newby, en *Una vuelta por el Hindu Kush,* pronto descubre que tiene los pies cubiertos de sangre. Y únicamente lo percibe en su primera parada, tras tres horas de marcha ininterrumpida bajo un sol de plomo en las que no ha sentido ningún dolor. No entiende cómo ha podido pasar: «Yo llevaba unas botas nuevas que me habían hecho especialmente en Italia. En toda Inglaterra no había podido encontrar, en el breve tiempo de que disponía, un par de botas de escalada que me fuesen bien [...]. Las botas habían llegado por avión a Teherán la mañana que partimos hacia Mashhad, y sin contar nuestra breve excursión a la colina de la Legación, no las había probado. Ahora, en la calurosa tarde, se hicieron torturadoras» (Newby, 1997, 119). Newby se vuelve a poner en marcha con valentía –la continuación de su libro depende de ello–, sabiendo que sus pies no van a poder cicatrizar hasta después del viaje. Ni él ni su compañero soportaban la idea de sumarse «a aquella corporación selecta de los que solo viajaban delante de sus copas» (Newby, 1997, 125).

Para caminar, en efecto, el espíritu no sirve de nada si no se ve ayudado por un buen calzado y una buena digestión. Töpffer nos dice, con su habitual sentido común, que «para el viajero de a pie, el calzado lo es todo; el sombrero, el jubón, la gloria o la dignidad vienen después» (Töpffer, 1996, 319). Victor Segalen elogia con razón las sandalias como el mejor remedio preventivo contra las adversidades pedestres: «La sandalia es, para la planta de los pies, así como para todo el peso del cuerpo, un auxilio igual que el que aporta el bastón a la palma de la mano y al equilibrio de los riñones. Es el único calzado posible del caminante en campo abierto, y el resumen del zapato: una fina capa que se interpone entre el suelo y el cuerpo que pesa y vive [...]; gracias a ella, el pie no sufre y, sin embargo, siente la experiencia delicada del terreno. Gracias a ella, y a diferencia de cualquier otro tipo de calzado, el pie se expande y se estira, y separa bien los dedos. El gordo trabaja por su cuenta, y los demás se abren en abanico» (Segalen, 1993, 58).

Dormir

Después de varias horas caminando, la siesta o el sueño de la noche son una bendición. El cansancio pesa sobre los miembros del cuerpo, y nos invita al abandono. Dormir al azar de la ruta nos expone a las sorpresas de la noche o el alba, a los animales de paso, a la incomodidad o al éxtasis del despertar. Existen numerosos lugares para descansar: un campo, una granja abandonada, un castillo en ruinas, una gruta, una cueva, una playa, el borde del camino, o quizá un hotel, un refugio, una obra, etc. El caminante, como todo viajero, va en busca de la seguridad y la tranquilidad. Laurie Lee describe con emoción la noche inaugural de su nueva condición, libre de la tutela familiar: «Cuando cayó la noche, llena de mariposas nocturnas y escarabajos, estaba demasiado cansado para montar la tienda. Así pues, me tendí en medio del campo y miré hacia las estrellas luminosas. Me sentía oprimido por el aterciopelado vacío del mundo y por las capas de hierba blanda sobre las que yacía. Después, los efluvios de la noche me durmieron al fin; fue mi primera noche sin techo ni cama» (Lee, 1985, 11). Una llovizna lo despierta hacia la medianoche: «El cielo estaba negro y las estrellas habían desaparecido. Había dos vacas muy próximas a mí, con el resuello quejumbroso. Todavía me persigue la tristeza de aquel momento. Me arrastré hasta una zanja y me quedé despierto hasta el amanecer, empapándome en la soledad de aquel campo sin nombre. Pero cuando subió el sol por la mañana desapareció el sentimiento de desolación. Cantaron los pájaros y la hierba exhaló un vapor cálido. Me puse en pie y me sacudí, comí un pedazo de queso y nuevamente me encaminé hacia el Sur» (Lee, 1985, 11).

Dormir es también una voluptuosidad física potenciada por la contemplación estética. El sueño de una noche sin techo es también una formidable invitación a la filosofía, a la reflexión ociosa sobre el sentido de nuestra presencia en el mundo. «Permanecí boca abajo, en contacto con la tierra cálida, y me olvidé del rocío helado y de los perros nocturnos. Sentí que era por eso por lo que había venido: para despertar al amanecer en la ladera de un monte y esparcir la mirada sobre un mundo para el que no poseía palabras, para empezar desde el principio, sin palabras y sin planes, en un lugar que aún no contenía mis recuerdos» (Lee, 1985, 48).

El recuerdo de las fogatas y de las noches al raso eclipsa con facilidad el de las habitaciones de hotel, hasta las más agradables. Leigh Fermor, en su travesía a pie por Europa central, tiene la buena fortuna de alternar noches en castillos con otras en un montón de heno, un campo o un banco en alguna ciudad: «Pasar de la paja a una cama con dosel y volver a la paja es una secuencia muy recomendable. Entre sábanas suaves, sosegado por los aromas de los leños, la cera de abejas y la lavanda, de todos modos permanecía despierto durante horas, gozando de tales placeres y contrastándolos alborozado con los encantos ahora familiares de los establos para vacas, los almiares y graneros. La grata sensación permanecía a la mañana siguiente, cuando me despertaba y miraba a través de la ventana» (Leigh Fermor, 2001, 157). Pero a medida que transcurre el tiempo, el remordimiento ataca a un Leigh Fermor que se va apartando de su romanticismo inicial, puesto que su «plan original había sido vivir como un vagabundo, un peregrino o un sabio itinerante, dormir en cunetas y almiares y solo mezclarme con pájaros del mismo plumaje. Pero últimamente había pasado de un castillo a otro, bebido vino Tokay en copas de cristal tallado y fumado en pipas de un metro de largo en compañía de archiduques, en lugar de partir cigarrillos por la mitad para compartirlos con otros vagabundos» (Leigh Fermor, 2004, 104-105). Sin embargo, no renuncia a estas ventajas, al contrario, aunque no se instale en ellas indefinidamente.

De un primer viaje a Florencia, hace mucho tiempo, recuerdo sobre todo un edificio en construcción cuyas paredes escalé y una mala noche pasada en su suelo de cemento, ya que mi billetera no me permitía un mejor hospedaje. Además, tuve que levantarme pronto, por miedo a cruzarme al amanecer con los obreros que vendrían a retomar el trabajo. Este tipo de albergues improvisados, cabañas o refugios, están a menudo atestados de ratones u otros pequeños roedores que tienen allí su domicilio desde hace tiempo o simplemente buscan un poco de comida. Con ello, el viajero se ve inducido a un insomnio inquieto, y ni siquiera los que se acuestan en la hierba, o los que se meten en su saco de dormir tras un montículo protector, consiguen evitarlo: perciben temblores sospechosos en la maleza o un ruido cercano de ramitas rompiéndose, y, a menos que ya se hayan acostumbrado, se sobresaltan una y otra vez, intentando reprimir su miedo. Yo mismo conservo algunos recuerdos en ese sentido: por lo general, los mosquitos que infestan estos lugares no dan reposo. Stevenson duerme en un saco tejido por él mismo: «Yo lo llamo "el saco", pero nunca se le pudo llamar saco más que por cortesía: no era más que una especie de rollo o de salchicha larga, de lona verde impermeable de carro por fuera y de pieles de oveja teñidas de azul por dentro. Era cómodo como talego y cálido y seco como cama. Había sitio para que uno pudiera moverse a sus anchas y en un momento dado podía servir para dos personas. Yo podía enterrarme dentro hasta el cuello; para abrigarme la cabeza confiaba en una gorra de piel que tenía una solapa que podía bajar para cubrirme las orejas y una banda que me pasaba bajo la nariz como una mascarilla; y en caso de lluvia fuerte pensaba prepararme una tienda, o tiendecilla, con mi impermeable, tres piedras y una rama doblada» (Stevenson, 1998, 35-36).

Bashō no tiene siempre tanta suerte. Habla en especial de una noche terrible que paradójicamente había comenzado muy bien, con un baño en una fuente de agua caliente. Solo encuentra una posada «tan pobre que por suelo tenía esterillas de paja. No había lámpara, por lo que tuve que extender mi estera de dormir a la luz del hogar. Durante la noche empezó a tronar y a llover intensamente: caían goteras sobre mi lecho, me picaban pulgas y mosquitos y no pude dormir. Tuve también un ataque de mi vieja dolencia y el cólico me puso a morir» (Bashō, 1993, 50). E. Abbey, atrapado en un cañón donde se ha aventurado y sorprendido por una tormenta y la caída brutal de la noche, se ve obligado a dormir bajo el saliente de una caverna poco profunda. Allí descubre los excrementos secos de numerosos animales que le han precedido y enciende una hoguera a la espera de que amaine la lluvia. «Me recosté en el antro del coyote, hice de mi brazo una almohada para la cabeza, y sufrí, durante toda esa larga noche, la humedad, el frío, la incomodidad, el hambre. Me sentí muy desgraciado, y tuve pesadillas claustrofóbicas. Fue una de las noches más felices de mi vida» (Abbey, 1995, 293). Caminando por el monte Athos e inspirado por la fe y la solemnidad del lugar, Jacques Lacarrière nos cuenta su pavor en las celdas alejadas del resto en los monasterios donde se aloja. Tomó por ello la costumbre de pedir al padre hospedero «una celda tranquila, sin demonios», para asegurarse de pasar una noche serena y exenta de los desórdenes provocados por las turbulencias de los espíritus (Lacarrière, 1988, 71).

Del despertar se encargarán, según las circunstancias y las estaciones, el ladrido de los perros, o el paso de un rebaño de vacas o de ovejas guiado por un pastor que no escatima en gritos antes de reparar en el caminante a la vuelta del camino, o por la llegada matinal de los trabajadores de la obra. Un día, el caminante se despierta en una playa griega con el rítmico roce de un pincel sobre el casco de una barca de pesca, pues no había previsto que su propietario llegaría al alba a remozar el aspecto del bote. Otro día son los gritos de los gallos en una granja cercana, o el canto de un campesino que cree estar solo y vocea sin pudor para animarse la mañana. Y otro es el jolgorio de los pájaros que se persiguen unos a otros sobre las ramas de un avellano, o un brutal despertar al alba cerca de una frontera cualquiera para topar de frente con unos aduaneros suspicaces que creen haber dado con un contrabandista torpe. O incluso las risas de unos niños que acaban de descubrir en pleno campo a un dormilón que ignora lo avanzado de la trayectoria del sol. Más amargo es el despertar provocado por el paso de automóviles, el ruido de las radios que vierten su música en el campo, o el de un cortacésped, la estridencia de unas sierras mecánicas pertenecientes a un grupo de leñadores que retoman su trabajo en el bosque. Y más dulces, preñadas de nostalgia, las campanas de las iglesias que desgranan lentamente la hora tardía al oído de un caminante todavía adormecido. Están también los despertares empapados en rocío, las noches heladas o ardientes, llenas de sueños, de mosquitos, de lluvia o de miedo, debido a ruidos imposibles de identificar, de una voz cercana que nos inquieta en este lugar desierto, de un disparo de escopeta a lo lejos pese a la oscuridad. Noches sin luna y lunas sin noche.

Silencio

Caminar es también una travesía por el silencio y un disfrute del sonido ambiental, pues no es concebible un espíritu que ame deambular por el arcén de una autopista o la cuneta de una carretera nacional. Al contrario, si el caminante toma las de Villadiego es para escapar del ruido de los coches y del martilleo de sus radios. Está a la escucha del mundo. Thoreau escribe que «siempre hay una música de arpa eoliana en el aire. Escucho melodiosos coros resonando bajo la bóveda de las altas regiones de la atmósfera, una música que, proveniente del cielo, viene a morir a nuestros oídos... Cada uno de esos sonidos parece emerger de una meditación profunda, como si la naturaleza hubiera adquirido un carácter y una inteligencia... Mi corazón se estremece con el ruido del viento en los árboles. Yo, cuya vida estaba ayer tan falta de cohesión, descubro de repente mi fuerza y mi espiritualidad a través de estos ruidos» (Thoreau, *Diarios*, 21 de julio de 1851). Algunos sonidos se infiltran en el silencio, sin alcanzar a perturbarlo; a veces, al contrario, lo que consiguen es despertar el oído a la calidad auditiva de un lugar que hasta entonces había pasado desapercibida. El silencio es una modalidad del sentido, un sentimiento que atrapa al individuo (Le Breton, 1997), e incluso si en algunos parajes el murmullo del mundo es incesante, variando solo ligeramente con las horas, los días o las estaciones, se tiene también en ellos el sentimiento de una cercanía del silencio: una fuente que se abre paso entre las piedras, el canto de una lechuza, el salto de una carpa sobre la superficie de un lago, la campana de una iglesia al caer la tarde, el crujir de la nieve bajo nuestros pasos, el crepitar de una piña bajo el sol, todos dan cierto volumen al silencio. Y estas tenues manifestaciones acentúan el sentimiento de paz que emana del lugar: son creaciones del silencio, no por defecto sino porque el espectáculo del mundo no está mediatizado por ruido –o parásito– alguno. «Parecería que para comprender bien el silencio, nuestra alma necesita ver algo que se calle» (Bachelard, 1978, 287).

El silencio resuena como la firma de un lugar, sustancia casi tangible cuya presencia habita el espacio e impone constantemente la atención. Albert Camus, caminando por las ruinas de Djémila, observa «un gran silencio pesado y sin quiebro, algo como el equilibrio de una balanza. Gritos de pájaros, el afelpado sonido de la flauta de tres huecos, un pisotear de cabras, rumores venidos del cielo, eran otros tantos ruidos que formaban el silencio y la desolación de esos lugares» (Camus, 1986, 121; 1959, 25). Es también la pesada losa de plomo que nace de la forma con la que el sol quema el paisaje: «El polvo, espeso y silencioso, levantado por estremecimientos de calor más que por la presencia de brisa alguna, se introducía en mis sandalias y entre mis dedos, se adhería como escarcha a mis labios y mis pestañas, y caía en los exánimes cálices de las amapolas, llenándolas con un fresco espejismo de nieve. Por todos lados me rodeaba un silencio profundo y aturdido, a no ser por el murmullo arenoso del trigo. Yo caminaba con la cabeza baja, sin atreverme a mirar al cielo, que por entonces parecía ser todo él un sol inmenso» (Lee, 1985, 59). No es la desaparición del sonido lo que hace el silencio, sino la calidad de la escucha, el pulso ligero de existencia que habita el espacio. «Al abandonar el pueblo, acercándome al bosque, escucho de tanto en tanto los perros del Silencio aullando a la luna, para adivinar si están sobre la pista de una presa. Si no está Diana en la noche, ¿para qué sirve la noche? Escucho a Diana, la diosa. El silencio resuena; es musical, y me emociona. Una noche en la que el silencio fuera audible. Escucho lo inefable» (Thoreau, *Diarios*, 21 de enero de 1853).

En oposición a la existencia ruidosa del hombre de ciudad, el silencio se nos da como una ausencia de ruido, como un horizonte todavía no afectado por la técnica, una zona en barbecho que la modernidad no ha absorbido aún, o bien, a la inversa, un lugar que se ha concebido deliberadamente como una reserva de silencio. El mundo resuena sin pausa a través de los instrumentos técnicos cuyo uso acompaña la vida personal o colectiva: la modernidad es el advenimiento del ruido, siempre hay un teléfono móvil sonando en algún sitio. El único silencio –provisional– que conocen nuestras sociedades es el de la avería, el fallo de la máquina, el fin de la transmisión; es un cese temporal de la tecnicidad más que la urgencia de una interioridad. Y a veces solo se necesita que pare un ruido constante, como el del motor de la bomba de agua o del automóvil, para que el silencio se nos ofrezca al alcance de la mano, con una sensible presencia material a la vez que volátil.

Un día caluroso, E. Abbey camina hacia Rainbow Bridge, un remoto lugar de difícil acceso en un parque natural de Utah. Agotado, se detiene un momento a la sombra de una cornisa y se relaja bajo su protección. Escucha el silencio del cañón, que no rompe ni el viento ni ningún movimiento o sonido de animal, ni siquiera el ruido regular y refrescante de los arroyos cuyo curso ha seguido durante mucho tiempo. «Solo en el silencio, comprendo en un instante el terror que muchos sienten ante la presencia del desierto primordial, el miedo inconsciente que los fuerza a domesticar, alterar o destruir aquello que no pueden comprender, a reducir lo salvaje y prehumano a dimensiones humanas. Todo antes que afrontar directamente lo prehumano, el otro mundo que no espanta por su peligro o su hostilidad, sino por algo mucho peor: su implacable indiferencia» (Abbey, 1995, 273-274).

Caminando por el Dolpo, P. Matthiessen y su compañero tienen súbitamente la revelación del silencio en el que están sumergidos desde su llegada a esos parajes. «GS dice: "¿Te das cuenta de que no hemos oído ruido de motores, ni siquiera a lo lejos, desde septiembre?". Y es cierto. Ningún avión cruza estas viejas montañas. Nos hemos perdido en otro siglo» (Matthiessen, 1995, 112). El silencio remite entonces a una experiencia anterior a la técnica, a un universo sin motor, sin automóviles, sin aviones; es el vestigio arqueológico amenazado de otro tiempo. Y el lento camino de retorno resulta difícil y amargo, pues significa la vuelta al ruido tras meses y meses de paz interior. «Mientras caminaba esta tarde por las colinas del Bheri, recordaba el cuidado que hay que tener para no hablar demasiado ni moverse con brusquedad después de la semana de silencio de un retiro zen, y también los difíciles descensos después de la exaltación que producen los alucinógenos; es crucial salir gradualmente de una crisálida de ese tipo, secando al sol tranquilamente, como una mariposa, las nuevas alas, para evitar una repentina rasgadura del espíritu» (Matthiessen, 1995, 319). El paisaje no está conformado únicamente por lo que el hombre ve, sino también por lo que el hombre oye. Todo universo donde reina el silencio abre una dimensión particular en el seno del mundo. Después de varios meses de una calma absoluta y soberana, sin ruido (a excepción del interminable ladrar de los perros), es importante no precipitarse, caminar lentamente hacia el valle, dejarse llevar por las horas, sin acelerarlas. Como si fuera un submarinista de aguas profundas, el viajero, que sigue sumergido en el silencio, se impone etapas de retorno progresivo para no chocar de pleno con el ajetreo de la vida social.

La búsqueda del silencio es así la exploración sutil de un universo sonoro, apacible, que apela por contraste al recogimiento personal, a la disolución del yo en un clima propicio. El caminante toma esta carretera secundaria para gozar de la serenidad y escuchar y compartir el habla. El silencio es un filón moral cuyo único enemigo mortal es el ruido; es, además, intérprete directo del sentido de las cosas, y la vía directa para el repliegue del yo sobre sí mismo que nos permite retomar el contacto con el mundo.

Pero a veces requiere el esfuerzo de ir en su busca, de intentar hacerle salir de su madriguera lejos de los caminos trillados o del rumor de la ciudad.

Aliado a la belleza de un paisaje, el silencio es un camino que lleva hacia el yo: momento de suspensión del tiempo en que se abre el pasadizo que permitirá al hombre encontrar su lugar en paz, provisión de sentido y de fuerza interior antes del retorno al jaleo del mundo y a las preocupaciones cotidianas. La línea del silencio experimentada en diversos momentos de la existencia durante una escapada al campo o a un monasterio, al desierto o a la selva, o simplemente a un jardín, a un parque, se presenta como un retorno a las fuentes, como un tiempo de reposo antes de reencontrarse con el ruido, tanto en su sentido literal como en el figurado, de la inmersión en la civilización urbana. El silencio nos proporciona entonces un intenso sentimiento de existir y marca ese momento de desnudez que nos invita a recapitular, a recapacitar, a reencontrar una unidad interior, a dar el paso de tomar una decisión difícil.

El silencio es para el hombre como una poda que lo pone de nuevo en forma y limpia de maleza el terreno en el que se debate. El paseante atento entra lentamente por medio de su oído en sus variados círculos, accediendo a cada instante a un nuevo universo sonoro de los que pueblan el interior del silencio. Descubre así un sentido nuevo; no una simple agudización del oído, sino un sentido íntimamente ligado a la percepción del silencio. Pues si su oído es lo bastante sensible, el hombre puede oír cómo crece la hierba, o cómo las hojas se despliegan en la copa de los árboles, o incluso cómo maduran las frambuesas y la savia fluye lentamente por el tallo de las plantas. Puede oír, de nuevo, el ligero temblor del tiempo que el ruido y la urgencia por hacer algo ocultan de ordinario. Y el silencio es estacional. Sin salir de nuestro entorno, es distinto en enero en un campo envuelto de nieve, o en agosto con el zumbido de multitud de insectos y la explosión de flores y hierbas agostadas por el sol. En un mismo paraje, el silencio cambia cada día.

Ciertos lugares hacen impensable la fractura que supone un sonido extranjero o una presencia locuaz, y se camina por ellos con miedo a romper un equilibrio frágil que no se presta a la intervención sensible del ser humano: solo la contemplación resulta una postura adecuada. En el bosque, el desierto, la montaña o el mar, el mundo está tan intensamente impregnado de silencio que los demás sentidos parecen en comparación obsoletos o inútiles. La palabra fracasa al intentar describir la potencia de un instante o la solemnidad del lugar. Kazantzaki camina con un amigo en lo más profundo de un bosque del monte Athos, en el camino que lleva a Karyes: «Parecía que entrábamos en una inmensa iglesia: el mar, selvas de castaños, montañas y encima, a manera de cúpula, el cielo abierto. Me volví a mi amigo: "Por qué no hablamos", le dije, queriendo romper un silencio que empezaba a pesarme. "Hablamos", respondió mi amigo, tocándome ligeramente el hombro, "hablamos, pero el idioma de los ángeles, el silencio". Y bruscamente, como si se hubiera enojado: "¿Qué quieres que digamos? ¿Que es hermoso, que nuestro corazón tiene alas y quiere volar, que vamos por un camino que lleva al Paraíso? Palabras, palabras... ¡Cállate!"» (Kazantzaki, 1975, 234-235).

El silencio compartido es una figura de la simplicidad, que prolonga la inmersión en la serenidad del espacio. Pues, en efecto, el lenguaje reintroduce la separación que el silencio intenta conjurar, sin jamás conseguirlo del todo. El recogimiento choca así con una facultad de hablar que lo disipa por la atención que exige: el diálogo equivale entonces a verse arrancado del paisaje, a una infidelidad al *genius loci*, dando satisfacción a las normas sociales y a la manera convencional de confortarse mutuamente o de salir de su hechizado aislamiento a riesgo de incomodar al otro (Le Breton, 1997). La emoción se expresa entonces con palabras estereotipadas, pero, en el mismo impulso, se desintegra. El sentimiento de fusión con el cosmos, de disolución de todo límite, se inscribe en una sacralidad íntima a merced de cualquier tipo de cháchara, por mínima que esta sea: hay que saber callarse para no romper el jarrón infinitamente frágil que es el tiempo.

Cantar

Cuando se sienten solos o en compañía, muchos caminantes entonan las melodías clásicas del vagabundo o las canciones populares que alcancen a recordar. E. Abbey, al llegar, tras muchos esfuerzos, a cierto lugar ansiado, grita el *Himno a la alegría*. Otros, como Jean-Claude Bourlès y su compañera, recitan poemas (Bourlès, 1995, 84), recordándose mutuamente las rimas de Apollinaire o de René-

Guy Cadou al hilo de sus pasos. El poema o el canto disuelven las asperezas de la ruta, estableciendo una connivencia con el espacio recorrido. Cantar es un gesto social cuando se dirige a otros hombres o al paisaje, a los árboles, a las vacas, celebrando la alianza, el placer de estar allí. Los peregrinos de otros tiempos en la ruta de Compostela o de Roma, aislados o en grupo, entonaban las baladas de su región o los himnos religiosos para apoyarse moralmente y disipar la tristeza de la lejanía. El canto es un compañero de ruta, un balancín mental, y el vagabundo se libera con él de todos los usos y costumbres, lejos de miradas indiscretas, solo o con amigos, dejando vía libre a su fantasía sin temer quedar mal frente a los demás o ganarse una mala reputación. Ser un extraño, un hombre de paso, libera de toda la carga propia del sedentario que busca una imagen de respetabilidad.

Caminar incita a la fantasía y a la libertad de tono, al menos si se hace en soledad, pues, evidentemente, el caminante distraído que se entretiene en el sendero cantando a voz en grito canciones pícaras corre siempre el riesgo de cruzarse con otros caminantes solitarios o con un granjero tranquilo de regreso a casa y sentirse un poco idiota. Stevenson habla de un paseante que «fue arrestado en lugar de un loco que se había escapado porque, aunque era un adulto de barba roja, iba dando saltitos como un niño. Y os sorprenderíais si os hablase de todas las graves y doctas testas que me han confesado que, cuando salen de caminata, cantan –y cantan muy mal–, y que han pasado una gran vergüenza al darse de bruces, como he dicho antes, con un campesino hostil al doblar una esquina» (Stevenson, 2005, 140). El joven Rousseau, que adoraba caminar, evoca en las *Confesiones* un momento de buen humor en el que, atravesado por el hambre tras una maravillosa noche bajo las estrellas acunado por el canto de un ruiseñor, camina hacia la ciudad mientras se imagina un suntuoso banquete con las pocas monedas que le quedan. Creyéndose solo, entona una cantata de Batistin. «He ahí que, a lo mejor de mi canto y de mi camino, oigo que alguien viene detrás de mí, me vuelvo y veo a un antonino que caminaba a mi zaga y parecía oírme con gusto. Se me acercó, me saludó y preguntome si sabía de música. Contesté que un poco, para dar a entender un mucho» (Rousseau, 1979). Y es así como Rousseau fue contratado para copiar música por varios días. El viaje de P. Leigh Fermor por Europa central está también lleno de cantos, unas veces son los de los nazis en los cabarets alemanes, otras los ritmos populares de Hungría o de Rumanía; en su texto da la impresión de que los seres humanos cantan sin cesar, que la cultura del canto es esencial en la vida cotidiana de la época. Para algunos viajeros, el canto es el equivalente sonoro del bastón: un estimulante para la progresión y un signo de familiaridad, de elogio al genio del lugar.

Largas marchas inmóviles

La marcha es a veces infinita, sin otra dirección que el tiempo. Un ciego recorre sin descanso un camino circular que sabe sin obstáculos, sintiendo sus piernas, los olores, el soplo del viento, sin osar sin embargo aventurarse más allá de sus hábitos: caminar sin fin para no llegar a ninguna parte, para olvidar simplemente el paso del tiempo y el lento avance hacia la muerte que es, a la postre, el fin de toda marcha. En el jardín, invadido de plantas, se abre poco a poco un sendero que a juzgar por su profundidad parece haber sido transitado por miles de caminantes. Más allá, un prisionero recorre su celda una y otra vez, librándose a infinitos cálculos y, habiendo medido la longitud de sus pasos, dibuja un mapa de su avance real dentro de lo imaginario: hoy ha caminado durante seis horas y ha recorrido una treintena de kilómetros, de Mans a Loué por ejemplo, o de Tours a Saumur bordeando el Loira, o de Florencia a las colinas de Fiesole. ¿Cuánto tiempo necesitará para dar la vuelta al mundo sin salir de su celda? Unos cuantos años, sin duda. Después, tendrá que volver a empezar en dirección opuesta para cambiar de itinerario y atravesar de nuevo los desiertos, remontar los cerros, rodear los mares, recorrer los bosques sin perderse, recordando las estaciones, temblando de frío con la nieve que cae sobre la montaña o entonándose con un buen baño en una playa atlántica en verano.

Xavier de Maistre, joven oficial del ejército piamontés, se bate en duelo a pesar de las órdenes de sus superiores y es condenado a un arresto domiciliario durante cuarenta días. Comienza entonces un viaje minúsculo, pero de larga duración, a través de su lugar de reclusión, transformado en terreno de exploración y meditación. Protegido de la envidia humana y la inquietud del camino, proclama desde las primeras líneas de su relato el placer y la incitación a tomar la pluma que su viaje le ha proporcionado. Y es que las ventajas de un viaje así son muchas: es una marcha en la que hasta los enfermos pueden aventurarse, ya que la cama nunca quedará demasiado lejos y no existe el temor a coger frío. O los pobres, pues apenas tendrán gastos. Hasta los perezosos, pues nadie va a medir cuánto tiempo se pasan descansando entre etapa y etapa. Si bien el espacio parece muy reducido, el itinerario ofrece numerosas variantes. La habitación forma «un cuadrilátero alargado que tiene treinta y seis pasos de perímetro siguiendo la rasante del muro. Mi viaje será más largo aún que esta medida, pues con frecuencia atravesaré la habitación a lo largo y a lo ancho o la cruzaré diagonalmente sin sujeción a regla ni método. Incluso haré zigzags y recorreré todas las líneas posibles en geometría si la necesidad lo exigiera» (Maistre, 1946, 17-18). Y contra lo que cabía esperar, no hay que descartar posibles incidentes en el recorrido, como cuando el pobre protagonista se cae de la silla magullándose el cuerpo. Al final, se queda sin tiempo para llegar a su destino: su condena es anulada. Pero Xavier de Maistre se siente satisfecho con la experiencia, se la ha jugado bien a sus carceleros: «Me han prohibido recorrer una ciudad, ir a un punto determinado; pero me han dejado el universo entero; la inmensidad y la eternidad están a mis órdenes» (Maistre, 1946, 158). La suma de experiencias resulta inagotable: «No acabaría nunca si quisiera describir la milésima parte de los sucesos extraños que me ocurren cuando viajo junto a mi biblioteca; los viajes de Cook y las observaciones de sus compañeros de viaje, los doctores Banks y Solander, no son nada en comparación con mis aventuras en este solo distrito» (Maistre, 1946, 131). Y Xavier de Maistre propone al lector seguir su ejemplo vanagloriándose de haber inventado una nueva manera de viajar por el mundo. Solo así la marcha no se ve obligada a permanecer prisionera en una vasta geografía: puede conformarse con un espacio reducido, ya que la calidad de la mirada lo es todo. O, al menos, el caminante forzado a quedarse en su casa puede intentar convencerse de ello para reencantar lo que en un primer momento es percibido como una inmovilización y que no resulta ser más que una argucia de la realidad que puede ser transformada para liberarse de ella y permitir al espíritu volar en libertad.

Apertura al mundo

Caminar ofrece una bella imagen de la existencia, siempre inacabada, pues se apoya incesantemente en el desequilibrio. Para no caerse, el caminante debe recomenzar de inmediato un movimiento que contradice el precedente a un ritmo regular. De un paso a otro, respeta en todo momento el filo de la navaja que le protege de la caída. En una palabra: no se camina más que encajando un paso tras otro, sabiendo que toda precipitación o toda lentitud provocará la ruptura. Caminar es una apertura al mundo que invita a la humildad y al goce ávido del instante. Su ética del merodeo y la curiosidad hacen de él un instrumento ideal para la formación personal, el conocimiento del cuerpo y de todos los sentidos de la existencia. En un debate acerca del racismo con James Baldwin, Margaret Mead deplora con humor la invención de los barcos o de los automóviles: si los seres humanos no tuvieran más medio de transporte que sus piernas, no habrían llegado muy lejos a lo largo de su existencia. La vulnerabilidad del caminante es una buena incitación a la prudencia y a la apertura al otro, más que a su conquista o a su desprecio. Y una cosa es segura: el caminante pocas veces tendrá la arrogancia del automovilista o de quien coge el tren o el avión, pues se mantiene siempre a la altura del hombre, sintiendo a cada paso la aspereza del mundo y la necesidad de granjearse la amistad de los otros caminantes que se cruza en el camino.

La experiencia de caminar descentra el yo y restituye el mundo, inscribiendo así de pleno al ser humano en unos límites que le recuerdan su fragilidad a la vez que su fuerza. Es por tanto una actividad antropológica por excelencia, ya que moviliza permanentemente la tendencia del hombre por comprender, por encontrar su lugar en el seno del mundo, por interrogarse acerca de aquello que fundamenta su vínculo con los demás. El caminante a menudo se documenta acerca de los lugares que atraviesa, observando, como un etnólogo diletante, las diferencias de una región a otra en el arte de los jardines o de las ventanas, en la arquitectura de las casas, en la cocina, en la forma de acogida de sus habitantes, en las inflexiones de la lengua o en el comportamiento de los perros. Avanza entre la vegetación como si lo hiciera por una selva de indicios, en busca de signos que delaten la presencia de animales, de plantas o de árboles. Julien Gracq tuvo que tener un agudo conocimiento del bosque para comprender el significado que tenía el que una piña cayera cerca de él. «Pocos paseantes prestarían atención, pero diez años de familiaridad con los pinares me hacen aguzar el oído: una piña con savia no cae por sí sola, una piña seca no provoca ese impacto pesado» (Gracq, 2007, 96).

Un arañazo en la base de la piña viene a confirmar su razonamiento: al examinarla con paciencia descubre la punta de la cola o un fragmento del hocico de una ardilla apenas disimulado. Caminar es una biblioteca sin fin que escribe, en cada ocasión, la novela de las cosas habituales en el camino y nos enfrenta a la memoria de los lugares, a las conmemoraciones colectivas señaladas por placas, ruinas o monumentos. Caminar es una travesía por los paisajes y las palabras.

Durante mucho tiempo, en ciertas concepciones pedagógicas se ha considerado que las virtudes del caminar eran parte integral de la formación del individuo. Así fue, por ejemplo, en los movimientos juveniles del siglo XX (*scouts*, *Wandervögel*, etc.). Este era de hecho el argumento de *La vuelta a Francia de dos niños* (*Tour de France par deux enfants*), compañero de ruta de millones de escolares franceses antes de la Primera Guerra Mundial. Su autor, G. Bruno, explica en un breve prólogo que, a través de los desplazamientos de estos dos niños de la Lorena por todo el país, intenta proporcionar a los alumnos una apertura a la vida práctica, una instrucción cívica, una iniciación a la economía industrial y comercial, a la agricultura, y un conocimiento de la vida de los «grandes hombres». Caminando se hacen buenos ciudadanos, buenos patriotas; y es importante que estos escolares se identifiquen con aquellos refugiados lanzados a la carretera por las vicisitudes de la guerra de 1870, y sobre todo que no olviden la aciaga condición de la Alsacia y la Lorena, anexionadas por Prusia (Bruno, 1917, 4).

Este tipo de compañeros del siglo XIX hace a pie y con un petate a la espalda su Vuelta a Francia particular (Guedez, 1975, 140 y ss.). Y el viajero sabe que podrá encontrar refugio y comida para varios días o varios meses en los albergues que cada asociación ha elegido: la *Madre Alberguista* vela por sus aprendices, mientras estos afinan su conocimiento de las técnicas locales, que les permitirá más tarde ser expertos en la materia. Una Vuelta dura entre cinco y diez años, y de media el aprendiz se queda unos seis meses en un pueblo o ciudad antes de volver a coger el petate y ponerse en marcha para la siguiente etapa. Algunos incluso traspasarán fronteras para aventurarse en los lugares más recónditos de Europa. Pero no se trata solo de perfeccionar el oficio de caminante: la Vuelta pretende también formar al hombre, iniciarlo en la complejidad y diversidad de las regiones, enseñándole a través de su propio cuerpo la sensorialidad y el sentido. Largo rito de paso, la Vuelta daba a luz a un nuevo ser humano, despojado de su antigua juventud, capacitado a su retorno para abrir un negocio y fundar una familia.

Por su ruptura con los métodos de transporte más normales, por su imposición de un alejamiento de los caminos trillados, caminar no es solo un proceso de conocimiento de uno mismo y del otro, un cambio del escenario del conocimiento, sino que también es una poda de todas las preocupaciones e induce a una efervescencia difusa, acentuada por la fatiga del camino. A menudo se asemeja a un trance, a un olvido del yo como el del arquero zen, mucho más preciso porque ya no apunta a una diana exterior a sí mismo, sino que se identifica plenamente con ella. Despojando sus sentidos de todo su ejercicio rutinario, andar nos predispone para la metamorfosis de nuestra mirada sobre el mundo.

Es este, por tanto, un momento propicio para el ejercicio del pensamiento. No olvidemos el caminar tranquilo de Sócrates y de sus discípulos: muchas de sus lecciones consisten en el simple deambular y en el encuentro fortuito con otros interlocutores también de paso, un razonamiento que se desarrolla en vagabundeo al mismo ritmo que sus pasos. La pedagogía puede ser pedestre, la filosofía es peripatética. Un mundo a la medida del cuerpo humano es un mundo donde la alegría de pensar se da en la transparencia del tiempo y de sus pasos. Un gran número de filósofos y escritores confiesan su deuda con ciertas caminatas, excepcionales o regulares, en las que han dado libre curso a sus razonamientos. «El andar tiene para mí algo que me anima y aviva mis ideas; cuando estoy parado apenas puedo discurrir: es preciso que mi cuerpo esté en movimiento para que se mueva mi espíritu. La vista del campo, la sucesión de espectáculos agradables, la grandeza del espacio, el buen apetito, la buena salud que se logran caminando, la libertad del mesón, el alejamiento de todo lo que me recuerda la sujeción en que vivo, de todo lo que me recuerda mi situación, desata mi alma, me comunica mayor audacia para pensar, parece que me sumerge en la inmensidad de los seres para que los escoja, los combine y me los apropie a mi gusto sin molestias ni temores» (Rousseau 1979, 152). Kierkegaard, en 1847, escribe a Jette y le dice: «Mis pensamientos más fecundos los he tenido mientras caminaba, y jamás he encontrado un pensamiento demasiado pesado que el caminar no pudiera ahuyentar». El aforismo 52 de *La gaya ciencia* de Nietzsche afirma: «No escribo solo con la mano:/ el pie siempre quiere escribir también./ Firme, libre y valiente corre/ ya por el campo, ya por el papel» (Nietzsche, 2002, 60). Y en *Zaratustra*, en una carta a Georg Brandes de 10 de abril de 1888, escribe: «Profundo estado de inspiración. Todo concebido en el camino, durante largas marchas. Extrema elasticidad y plenitud corporal».

Los nombres

El viajero de a pie va en busca de nombres, ya sea el del pueblo más cercano o el del paraje en el que se halla, jalones de sentido que humanizan el recorrido y sacan al mundo del caos en el que se encontraba. «–Niño, ¿cómo se llama esta bajada? El niño no contesta. –Oye, que te estoy hablando. Digo que cómo se llama esta bajada. El niño está azarado y no sabe qué hacer. Mira para los pies del viajero, se pone colorado hasta las orejas y se pasa una mano por la rodilla. Después, con un hilo de voz, se decide a contestar: –No tiene nombre» (Cela, 1965, 72). A veces, en efecto, hay que reducir la ambición, pues no toda parcela del mundo tiene nombre, y todavía perviven bosques desconocidos o campos anónimos, planicies y valles que nadie ha pensado en bautizar. Además, el destino de todo ser humano es conocer poco más que un puñado del infinito número de nombres que existen; hay pues que dirigirse a la persona adecuada, aquella que sabe precisamente lo que buscamos. ¿Cómo se llama esta aldea, este riachuelo, ese río, ese bosque, los habitantes de ese pueblo? Tenemos que orientarnos ante el enigma del lugar, reencontrarnos en medio de las manchas coloreadas y las líneas de nuestro mapa, calcular entonces el camino ya recorrido y el que queda por recorrer, evaluar los esfuerzos que van a ser necesarios.

Comprender el mundo es atribuirle un significado, es decir, un nombre. Así se entiende por qué el caminante –él precisamente, que camina en una dimensión de su existencia donde nada tiene ya un lugar preciso y donde los lugares que recorre le son desconocidos, como si ante sus ojos todavía estuvieran inacabados– anda en busca constante de nombres. Y es que el nombre es una puesta en el mundo del espacio, una invención personal de una geografía o de su apropiación a la escala del cuerpo. El caminante no se distrae, no pregunta el nombre del país o de la región por la que anda, sino que se interesa más bien por los lugares minúsculos que jalonan su avance o que aparecen ante su mirada. Más tarde, los nombres serán como las flores japonesas del sueño, el enunciado que invoca una plétora de recuerdos. «¡Lapușnic! Por fin he dado con este nombre olvidado, escrito a lápiz a toda prisa en una de las últimas páginas de mi diario. Y aquí lo tengo de nuevo, diminuto, medio borrado y casi ilegible, perdido entre curvas de nivel y sombreados con rayas, como una arañita en un nido de ciempiés, y aún más gastado por hallarse en uno de los pliegues de mi ajado mapa de Transilvania de 1902» (Leigh Fermor, 2004, 211). La primera narración de este maravilloso viaje en la Europa central de entreguerras data de 1977, y pocos años antes de acabar el primer tomo de su obra, Patrick Leigh Fermor encontró por casualidad en Rumanía uno de sus cuadernos de notas, olvidado en un castillo moldavo en 1939. «Debí de haber comprado el libro en Bratislava, un volumen grueso, deteriorado, encuadernado en tela, con 320 páginas que contienen una apretada escritura a lápiz. [...] Al final del libro hay una útil relación de estancias nocturnas, así como rudimentarios vocabularios de húngaro, búlgaro, rumano, turco y griego moderno, y una larga lista de nombres y direcciones. Mientras leía estos últimos, rostros que había olvidado durante muchos años aparecieron de nuevo en mi mente: un vinatero a orillas del Tisza, un hostalero en el Banat, un estudiante de Berkovitza, una muchacha en Salónica, un *Pomac hodja* en las montañas de Rhodope...» (Leigh Fermor, 2001, 294).

Pierre Sansot, impenitente caminante francés, se maravilla de que cada cosa esté en su sitio, de que lo real sea apenas distinto a lo que él esperaba, y nos comenta su feliz encuentro con los nombres y el imaginario que los rodea: «De manera general –y esto que voy a señalar sorprenderá a muchos en una época en la que se hace el elogio de la deriva, del traslado, de las desapariciones y apariciones inesperadas–, reconozco que era feliz al encontrar cada lugar en el sitio esperado. Eso era para mí la garantía de que Francia es un país bien estibado: comprobaba con alegría que Alsacia, Bretaña o el Périgord habían escogido de una vez por todas los vientos del Este o del Oeste, el océano o la masa continental; que en sus particularidades no eran intercambiables, que mi mirada y mis piernas debían acomodarse cada día a aquello que se les exigía» (Sansot, 1996, 50). Que los nombres y las cosas coincidan es a veces la mejor garantía de que nada nos amenaza en un mundo que sigue su propia marcha, sin oponer resistencia. Todo viaje es una travesía de nombres.

La comedia del mundo

Caminar, a través de los encuentros del camino, es una invitación a la filosofía primera. Incansablemente, el viajero se ve incitado a responder a una serie de cuestiones fundamentales, que desde siempre han perseguido a la condición humana: ¿de dónde viene? ¿Adónde va? ¿Quién es? Esas preguntas eternas del viajero que el sedentario apenas se hace. Aunque rara vez se aborda la dimensión metafísica de la pregunta, prefiriendo las respuestas más trivialmente asociadas a los lugares de paso o a una función social. Así como la vida ordinaria es a menudo amnésica respecto a las cuestiones fundamentales –excepto cuando se enfrenta a la ausencia, a la enfermedad o a la muerte–, en el camino cada instante nos enfrenta a una continua interrogación basada en asuntos mínimos. Ya sea el paisaje, el clima, la forma de las casas, el recibimiento de los habitantes –diferente de ayer–, conviene al menos formular los misterios ínfimos y tranquilos que ocupan la mente durante un instante, transmitirlos al interlocutor del momento, y dar así sentido a estas disparidades, con un objetivo al fin y al cabo placentero, pues nos hace fijar la mirada en algo e interrogarnos acerca de las turbulencias del mundo.

El caminante es, por la naturaleza singular de sus contactos, una persona que comparte las pequeñas cosas de la existencia, que son la sal de la vida: los problemas de salud, la fatiga del cuerpo, el campo que este año no ha dado suficientes frutos, el invierno más largo o más frío que de costumbre, el calor persistente del otoño, la desigualdad de la lluvia, la llegada de extranjeros al pueblo, la forma singular de un árbol, una columna de humo proveniente de una chimenea y que suscita reflexiones acerca de la legendaria pusilanimidad de los vecinos, una cosecha inesperada, la carestía de las manzanas ese año, las ciruelas que se atrasan, una helada tardía en mayo. Una rama de árbol que acogió a un ahorcado una vez, o de la que cayó un niño, o cuyas hojas disimularon en otra ocasión la atenta presencia de un granujilla que acababa de sorprender el retozar clandestino de una pareja del pueblo, un campo que quizá guarde un tesoro, una piedra erguida que cien hombres no podrían mover ni un milímetro... Son palabras afectuosas, siempre en busca de nuevos oyentes, nunca dichas de manera cansada; desgranando, a su manera, la memoria colectiva.

Cada espacio, cada objeto, encierra sus historias, alegres o dramáticas; los puntos de vista varían según los relatores. Siempre hay por ahí un historiador de la vecindad, feliz de contar al inocente viajero, por enésima vez, la misma anécdota convertida ya en crónica local después de tantos lustros. Los habitantes viven a menudo en una larga historia que desafía toda cronología y mezcla ayer y hoy en la misma eternidad del presente. Confidencias del sedentario al nativo del pueblo que acaba de volver de no se sabe dónde, o de aquel que dice desde su infancia que va a viajar en breve a Madagascar o a Manitoba y que adivinamos, arrugado ya por los años, en el interior de su vivienda... De una granja abandonada nos llega la historia de una familia que allí moró feliz hasta que el marido se obsesionó con la idea de hacer fortuna buscando oro en el curso del río que pasaba por su jardín. El hombre, hasta entonces esposo y padre irreprochable, se propuso no abandonar sus herramientas hasta dar con el oro, como si el único requisito para encontrarlo fuera estar al acecho, silencioso y tenaz. Su mujer fue a buscar fortuna en los brazos de un vecino soltero y los hijos se fueron de casa dejando a su padre al albedrío de una obsesión que, ya en soledad, le persiguió durante años. En el pueblo se rumorea que murió murmurando: «Soy más rico que todos vosotros juntos». Pero desde entonces nadie quiso comprarle la casa a la viuda, concluye el narrador local, como si el fantasma del buscador de oro hubiera vuelto a las andadas y la gente tuviera miedo de encontrárselo, o sospechara que la casa trae mala suerte a sus habitantes. Relatos de inquinas locales, de envidias mutuas, de desventuras de unos y otros; lecciones de historia íntima a la sombra de un árbol o con la gorra en la cabeza y la mochila descuidadamente puesta en el suelo, sin academicismo alguno, a veces, incluso, con una fantasía narrativa que la modestia de la apuesta incita a no romper.

Julio Llamazares remonta en pocos días el curso del río de su infancia, el Curueño, en el corazón de las montañas de León, siguiéndolo a pie durante cuarenta kilómetros y durmiendo cuando la ocasión se ofrece, sin medir las siestas. Esta parcela minúscula de España, apenas las orillas de un río, es una representación condensada de la comedia humana (Llamazares, 2006). Una miríada de personajes insólitos se cruzan en el recorrido del caminante, y cada uno de ellos supone una zambullida en una memoria personal a la vez que colectiva. A veces, el viajero llega a reconocer figuras de su infancia, pues el viaje es un camino de palabras, una serie de confidencias recolectadas al azar, de fragmentos de conversaciones acerca de vidas llenas de lagunas, de frugales comidas o buenos vinos, de noches pasadas en los campos o en las granjas, y hasta de una inesperada noche de amor en un balneario de curas termales donde dos sirvientas desvergonzadas seducen al viajero. Una marcha es una travesía del mundo, a la que parece que toda persona con la que nos cruzamos se siente obligada a entregarse. Un viejo republicano le revela que sus padres le escondieron durante una década en una fosa cavada en una esquina del establo, para que no lo apresaran los policías tras la victoria de Franco, y que a punto estuvo de perecer un día que su vecino regó demasiado generosamente su jardín. Otro vecino les enviaba regularmente una patrulla de policía para que comprobara ciertos ruidos nocturnos, aunque sus inspecciones jamás dieran resultado. Sin embargo, un día, harto ya de su vida de topo, carcomido por el reumatismo, se resignó a salir de su establo y entregarse a la policía, para acabar así con su suplicio. Cuando Julio Llamazares lo conoce, el hombre está sentado en el umbral de su casa, roto por la artrosis: ahora es el vecino delator el que vive en el miedo a las represalias y no se atreve a salir. A continuación, son dos mujeres cosiendo en la calle, hermanas de un venerable sacerdote cuya reputación empieza a traspasar las fronteras del pueblo, las que llaman la atención del viajero y, tras una breve hagiografía de su hermano cura, le presentan al sobrino de ese gran hombre, un bebé de unos pocos meses. Más allá, en un café, Llamazares dialoga con una vieja que, recelosa ante este desconocido que la interroga acerca de su pensión mientras toma apuntes en un cuaderno, se niega a decirle su nombre, perdiéndose así por poco su cita con la posteridad. Al final, la mujer acaba por proponerle un nombre, manifiestamente falso, ante la jocosa complicidad de sus compañeras. Luego, un cura bastante antipático que ni siquiera invita al viajero a sentarse, erudito local que lleva varios años escribiendo la historia de la región, se empieza a preocupar cuando este le hace preguntas acerca de la región, temiendo un nuevo competidor. Cansado, Llamazares abandona su compañía, prometiéndole, eso sí, que comprará su libro de historia local en cuanto lo publique. Un vendedor ambulante le cuenta a Cela que es en realidad el heredero del antiguo virrey del Perú, desposeído de todos sus bienes mediante maquiavélicos ardides. El testamento está guardado en Roma, pues evidentemente él ya está muy escarmentado y no se fía de nadie más que del papa (Cela, 1965, 122). Un novelista falto de inspiración no tiene más que echarse la mochila a la espalda y caminar tranquilamente en busca de confidencias que no tardarán en llegar.

Lo elemental

La relación con el paisaje es siempre una emoción antes que una mirada. Cada lugar manifiesta un abanico de sentimientos distintos según el ánimo de las personas que se acercan a él. Cada espacio contiene potencialmente múltiples revelaciones, y por eso ninguna exploración agota jamás un paisaje o un pueblo. Solo nos cansamos de vivir. Caminar es la confrontación con lo elemental; es algo telúrico, y si bien es cierto que instituye un orden social dentro de la naturaleza (caminos, senderos, albergues, señales de orientación, etc.), es también una inmersión en el espacio no solo sociológico sino geográfico, meteorológico, ecológico, fisiológico, gastronómico, etc. Sometiéndolo a la desnudez del mundo, exige del hombre todo su sentimiento de lo sagrado: la maravilla de oler los pinos calentados por el sol, de ver un riachuelo que serpentea por el campo, una gravera abandonada que acumula agua cristalina en medio del bosque, un zorro atravesando el sendero tan tranquilo, un ciervo deteniéndose entre las hojas para observar al intruso. La tradición oriental habla del *darshana* de un hombre o de un medio para designar un don de la presencia, un aura que transforma a todos aquellos que son testigos de ella.

La carne del mundo exige siempre un eco proveniente del caminante, una resonancia íntima. La emoción reina en el hombre de la ciudad, que no comprende la banalidad de lo que le rodea más que cuando lo reencuentra como un milagro al volver de un largo viaje. El recuerdo de las distintas caminatas es como una guirnalda de momentos excepcionales que haría sonreír al verdadero hombre de campo: las horas pasadas esperando en vano ver a un cachorro de zorro que asoma torpemente de su madriguera, un río de agua transparente que se convierte en el escenario gozoso de un baño inesperado tras horas de sudor y de sol; un bosquecillo tranquilo y aislado, tapizado de hierbas blandas donde el juego del deseo se despliega solo para nosotros bajo las caricias del viento y el canto de los pájaros. Milagros tranquilos que nacen de la lentitud y la disponibilidad, de la invitación de una vegetación más mullida que la felpa; simple goce del mundo. En Sarangkot (Nepal), una larga marcha bajo el sol, primero por carretera, luego por las colinas, y finalmente un descenso hacia el lago de Pokhara con su mezcla de bosques, arrozales, pastos, pequeños jardines. Y el cansancio cada vez más intenso, el cuerpo bañado en sudor, cuando repentinamente, en un lugar aislado, perdido en medio de una vegetación lujuriosa, el arroyo que oíamos desde hacía un buen rato aparece al fin, como un milagro, con pequeñas cascadas diseminadas aquí y allá. La felicidad de sumergirse en el agua fresca; el dolor de tener que volver a ponerse en marcha; la nostalgia, hoy, de aquellos momentos.

Una marcha en plena noche, bajo la luz de la luna, en el bosque o en el campo, deja un reguero de memoria que no se olvida fácilmente. Bajo las estrellas y en la oscuridad, el hombre reencuentra su estado original de criatura arrojada en un universo infinito y en incesante movimiento: le hace interrogarse acerca de su presencia en el mundo, lo sumerge en una cosmología, en una religiosidad personal difusa pero poderosa. La noche enfrenta al hombre con los dos rostros de lo sagrado –el asombro y el terror–, dos maneras de ser arrancado del mundo de las percepciones ordinarias y enfrentado al más allá de uno mismo. Si para unos la noche es un universo de emociones propicias, para otros es el reino de innumerables amenazas, una zona sin referencias que suscita el horror propio del desfiguramiento progresivo de toda familiaridad. El goce de los primeros momentos se convierte lentamente en un terror que incita a volver sobre nuestros pasos. Es una experiencia así la que cuenta Julien Gracq: «Penetramos andando en una de las altas avenidas negras. La calma de la noche era absoluta; un agua gris y cenicienta llenaba la zanja estancada entre los acantilados a pico de los árboles, como el agua de un cañón submarino. Muy pronto, la marcha se hizo silenciosa, luego nos empezó a invadir una sensación de malestar; habíamos salido para una larga marcha, apenas media hora después, decidimos desandar el camino. Creí entrever aquella noche la fuente de la angustia que pesa sobre la travesía de los grandes bosques en una noche sin luna» (Gracq, 2007, 46). La noche urbana carece de este tipo de brillo, pues debido al persistente ruido de los automóviles –que despoja de todo misterio– y al horizonte cerrado por los edificios, no hay dimensión metafísica alguna y, sobre todo, porque la luz tamizada tiene como único objetivo precisamente el de neutralizar el miedo, banalizar el lugar. Reposando sobre el tejado de una casa en Dolpo, Matthiessen contempla «cómo llega la noche. Chilla un murciélago, aparecen las estrellas y en algún lugar del otro extremo de la Tierra calienta el sol. Pronto aparece Marte sobre la oscura grieta en las montañas septentrionales por donde desciende el río Tarap desde la tierra de Dolpo, y en la agradable tibieza de mi saco de dormir floto bajo el cuenco redondo de los cielos. Arriba está la resplandeciente galaxia de la infancia, ahora oculta en el mundo occidental por la contaminación del aire y el deslumbramiento causado por las luces artificiales; para los hijos de mis hijos no existirá ya ni el poder, ni la paz, ni la virtud curativa de la noche» (Matthiessen, 1995, 141).

El sol es otro dato elemental. Obliga en ocasiones a que la progresión resulte dramática, como en esas marchas por el desierto en las que la sed es una obsesión constante. A veces también en Europa: Laurie Lee cuenta cómo estuvo a punto de morir de deshidratación un día de mucho calor cerca de Valladolid. La fuerza del sol era tal que le faltaba el aire para respirar: «La violencia del calor parecía magullar la tierra toda y convertir su corteza en una enorme cicatriz. Se te secaba la sangre y se evaporaba toda humedad corporal; el sol golpeaba arriba, al lado y abajo, mientras las mieses se abombaban como una lámina sólida de cobre. Seguía andando porque no había sombra donde refugiarme y porque parecía el único modo de remover el aire que me rodeaba. Empecé incluso a olvidar qué era lo que hacía en la carretera; seguía caminando como para cumplir una promesa, hasta que solo fui consciente del polvo rojo y caliente moliéndose como pimienta entre los dedos de mis pies» (Lee, 1985, 72). Muy pronto, Laurie Lee, ahogado por el calor y con la lengua seca, comprende que hay horas del día en las que nadie camina, ya sea hombre o animal. La siesta no es solamente un placer, sino también una garantía de no llegar abrasado al final de la etapa.

La belleza es democrática: se brinda a todos por igual y los entornos bellos son legión –al menos tantos como personas, o más incluso–. En el curso de una misma jornada, de una misma caminata, el asombro maravillado se presenta a menudo para fijar en la memoria una imagen, un ambiente, un paisaje, un sonido, un rostro. La marcha es una apertura al goce del mundo porque permite el alto en el camino, el reposo interior, y no cesa de ser un cuerpo a cuerpo con el medio, un entregarse sin medida y sin obstáculos a la sensorialidad del lugar.

Las inclemencias del tiempo son la sal del viaje, aunque puedan alterar nuestros planes: son una garantía de memoria futura aunque se vivan con la impaciencia del momento. A Thierry Guinhut le sorprende un diluvio durante su viaje por los montes del Cantal, en Francia, pero él está feliz: «Caminaba confiado, pues en realidad la tormenta me salvaba de lo que habría podido convertirse en la rutina, la banalidad del caminar, insuflando el mito y la pasión en mis pasos [...]. Las bóvedas del cielo abrieron sus cisternas de par en par, y un aguacero de enormes dimensiones cayó con toda su fuerza sobre mí y sobre las montañas que me rodeaban». Es entonces cuando corre a refugiarse en una granja «que está llena de excrementos de gallina». Sentado en un tonel, de pronto descubre un apenado perro, completamente empapado, mirándole fijamente y que por el momento no parece interesarse en las gallinas. «En el exterior, la pradera echa humo, y unas acequias de tamaño ciclópeo descargan arena, granizo y lodo sobre la hierba» (Guinhut, 1991, 94). La lluvia puede arruinarle el viaje más hermoso al excursionista distraído que ha olvidado su impermeable o cuyo calzado no está preparado para evitar que los pies acaben empapados para el resto del camino. No hay nada peor, ni siquiera para el caminante más experto, que sufrir la humedad en los calcetines día tras día o cargar un saco de dormir mojado. La lluvia no se conforma con hostigar el cuerpo –también alimenta los ríos y riachuelos, transforma los caminos en barrizales–. Pero no es necesariamente un enemigo, aunque haga que avanzar resulte más difícil; es, también, motivo de admiración para el viajero bien equipado, que podrá apreciar plenamente el estado de ánimo tan tranquilizador que la lluvia le proporciona y la vitalidad que esta introduce en el paisaje. Finalmente, nos hace más proclives a la relación con los otros desafortunados que nos encontramos por el camino. El tono de la lluvia depende de la psicología del caminante o de la situación particular en la que se encuentre; en cuanto al granizo, la bruma, las nubes sobre el paisaje, la nieve, si bien en el momento nos resultan fastidiosos, dejan un grato recuerdo en la memoria. Toda confrontación con lo telúrico es inolvidable.

En el Tíbet, forzados a pasar noche en el paso del Deou, a más de 5.580 metros de altura, Alexandra David-Néel y su hijo adoptivo, Yongden, fracasan en su intento de encender una hoguera. Tras buscar un poco, consiguen el combustible, pero descubren que el encendedor está húmedo y resulta inservible. Yongden decide entonces caminar, correr y saltar para calentarse. David-Néel, que es una iniciada, cae en la cuenta de que puede calentar su cuerpo mediante la disciplina espiritual, recordando a sus maestros sentados en la nieve noche tras noche, inmóviles, perdidos en su meditación en pleno invierno tibetano. Con ellos ha aprendido las técnicas mentales que le van a permitir resistir el frío, si bien nunca ha tenido la ocasión de ponerlas en práctica. Así que se mete el encendedor bajo la ropa y comienza una meditación: «He dicho antes que necesitaba dormir, pero al moverme para montar la tienda y al esforzarme por encender el fuego, había salido de mi sopor. Ahora tranquilamente sentada, me sentía otra vez vencida por el sueño. Mi espíritu, sin embargo, estaba concentrado con la idea de *tuomo*, y maquinalmente, pero sin que otro pensamiento lo desviara, continuaba en estado semiinconsciente la marcha regular de la práctica comenzada. Pronto vi unas llamas que se elevaban a mi alrededor, crecieron y me envolvieron con sus lenguas rojas. Sentí un bienestar profundo» (David-Néel, 1989, 157). Cuando sale del trance, siente que está ardiendo, y el encendedor está seco. Un maravillado Yongden, que todo este tiempo ha estado corriendo y saltando a su alrededor, hace su aparición.

El sendero, el camino son una memoria grabada en la tierra, el trazo en las nervaduras del suelo de los incontables caminantes que por allí han pasado a lo largo de los años, en una especie de solidaridad intergeneracional inscrita en el paisaje. La firma infinitesimal de cada caminante está allí, indiscernible. Nivelando la superficie del camino, el viajero no se complica en la lucha del automovilista –a menudo mortal para él o para los demás– con un itinerario que debe cubrir lo más rápido posible para llegar al destino. Tomar las rutas de tierra significa pisarle los talones a una multitud de caminantes a lo largo de una connivencia invisible pero real. El camino es una cicatriz de tierra en medio del mundo vegetal o mineral que a menudo es indiferente al paso del ser humano. El suelo pisado por una miríada de pasos impresos en un instante es una marca de humanidad: los pies que lo recorren no tienen la agresividad del neumático –que arrasa sin contemplaciones todo lo que se cruza en su camino e imprime en la tierra la herida de su paso– ni la imperceptibilidad del rastro dejado por los animales.

La ruta de los caminantes está viva, lleva a algún lugar pero siempre tomándose su tiempo. Victor Segalen habla de ella como si fuera una criatura cuya fisiología cambia sin cesar: «Aquí se puede ver el camino en lucha con la tierra, el amarillento acantilado, el castillo con sus portillos, sus crestas y sus muros. El camino se hace entonces afilado, y los pasos se incrustan en él cada vez más profundamente. El camino se mete en la tierra. Pero lo detiene el desprendimiento de una colina entera. Le es necesario entonces saltar por encima para continuar su trazado un poco más adelante: el camino no olvida jamás su objetivo» (Segalen, 1993, 105). Un camino de tierra, un sendero tienen una densidad existencial, condensan en cierta manera una humanidad o una animalidad tangibles: rastros de pasos, de caballos, de vacas, etc.; charcos de agua de lluvia, mantos de nieve, campos de hierbas altas, ortigas, etc. Michel Tournier destaca con razón el placer sensual que se obtiene del pie cuando se desplaza sobre el camino: «La rueda ama el llano y la adherencia de una pista bien recauchutada –odia hundirse, traquetear, y sobre todo derrapar–. El pie por su parte se adapta bien, e incluso puede llegar a divertirse con los derrapes. Pero lo que ama por encima de todo es sentir cómo cruje un suelo ligeramente arenoso o con grava, y hundirse un poco, no demasiado, como cuando está sobre una moqueta. El pie no quiere rebotar con dureza sobre una superficie incompresible. Un poco de polvo al sol, un poco de barro cuando llueve, forman parte de la calidad de la vida» (Tournier, 1979, 21).

Las irregularidades de la maleza dejan entrever las huellas de los animales. Evidentemente, es difícil tener la aguzada mirada de un Dersu Uzala, para quien cada detalle es una pista que permite reconocer a hombres o animales de paso, cada pequeña variación del aire una certeza de sol, tormenta o nieve en el horizonte. Un gran número de conocimientos se ponen a disposición del caminante si este se rodea de las personas adecuadas, o se decide él mismo a aprenderlos con paciencia.

Para que el conocimiento del mundo se despliegue hasta el infinito, hacen falta los caminos. El asfalto no tiene historia, ni siquiera la de los accidentes que lo han marcado. Los coches pasan por él sin dejar memoria, rompiendo el paisaje como un cuchillo, en la indiferencia total por el lugar o por su historia. El conductor de automóvil es el hombre del olvido: el paisaje desfila a su lado, más allá del parabrisas, sin que él sienta nada, en una especie de anestesia sensorial y de hipnosis con la carretera. Es también el hombre de la urgencia: sin necesidad de detenerse en el camino, es únicamente un ojo hipertrofiado que lo recorre a gran velocidad. Además, ni las carreteras ni las autopistas son propicias para la exploración o el vagabundeo: es difícil dejar el coche aparcado en la cuneta sin riesgo. El caminante siente la tierra bajo los pies, en contacto vivo con el camino –que se recorre con los sentidos abiertos y el cuerpo disponible, estableciendo una relación con los múltiples acontecimientos de su periplo, grabados ya en su memoria de forma indeleble–. Siempre existe el riesgo de accidente, de lastimar de alguna manera a otro excursionista distraído, admirando quizá con entrega las vistas desde lo alto de una colina. Pero siempre será poco comparado con las 128.000 personas que mueren al año por accidente de coche, solo en Europa. Caminar nos dispensa del sacrificio ritual que permite a los automovilistas circular en las condiciones en que lo hacen hoy.

Animales

Cuando Robert Lalonde camina por su bosque de Québec, se desvela todo un mundo ante sus ojos: «He visto hormiguear las truchas lentamente en tres lagos de montaña distintos. Llego de allí contento, con el cuerpo despierto como nunca, y los brazos y los muslos agujereados, como los de un drogado, por unas chinches infernales. He visto el urogallo y el águila calva, el somorgujo curioso cuyo grito te hiela el corazón, huellas frescas de pezuña de un alce que posiblemente huyó espantado de mis ruidos de salvaje indomesticado. He aspirado el aire alpino de las alturas, la genciana sobre las rocas y la arena mojada, allí donde la lluvia todavía sabe a cielo y a rayo» (Lalonde, 1997, 98). El caminante se cruza con animales que nadie más ha visto, ya sean las cabras azules del Himalaya de Matthiessen, las víboras dormidas en medio del sendero de J. Lacarrière, o los miles de ratones que W. Herzog se cruza en un momento de su periplo. J. Lacarrière siente una conmoción al descubrir un cementerio de animales en la cuneta de una carretera o en el propio asfalto, recién aplastados, una sucesión de asesinatos mínimos ejecutados en la completa indiferencia o ignorancia de los automovilistas que perpetúan la masacre hasta el infinito. «Centenares de erizos, sapos, pájaros, caracoles, babosas, insectos de todo tipo, hasta en las más minúsculas carreteras de montaña [...]. Así marcado por manchas, halos, pequeños cuerpos aplastados, el asfalto parece una de esas pizarras o uno de esos esquistos en los que miles de fósiles escriben la historia de un paisaje. A veces dejo la mochila en el suelo y me arrodillo para mirar, como con un microscopio, estos campos de batalla donde los cuerpos muertos no son ya más que líneas, círculos o rosetones amalgamados con el alquitrán» (Lacarrière, 1977, 82-83). Además de gatos y perros, a veces el coche atropella un zorro. Este verano hemos visto varios zorros muertos así en carreteras de la Lorena. En el siglo XIX, en uno de sus viajes con un grupo de alumnos, Töpffer se topa con una criatura con una enorme cabeza que camina de lado, erráticamente, hacia él. Al acercarse, descubre que es un lagarto con mucha mala suerte: al intentar penetrar en una cáscara de nuez, su cabeza ha quedado apresada dentro y ya no puede salir. Afortunadamente, Töpffer puede liberar al animal, que al instante huye despavorido para esconderse entre la vegetación, sin duda prometiéndose a sí mismo no volver a probar las nueces.

En los Cárpatos, Patrick Leigh Fermor goza de jornadas de exquisita soledad, inolvidables gracias a sus múltiples revelaciones: una multitud de ardillas rojas o negras en los caminos del bosque; cuatro ciervas con sus cervatillos, y poco después un magnífico ciervo; un rebaño de ovejas en la noche acompañadas del pastor y sus perros, a quienes la presencia del viajero pasa desapercibida; y, sobrevolando las montañas, halcones y águilas, llegando uno a posarse a pocos metros de Fermor –quien evidentemente aprovecha para disfrutar de la visión hasta que el animal retoma el vuelo, describiendo amplios círculos por encima de su cabeza–. Un día, bebiendo de un manantial invadido de berros, reflexiona acerca de la felicidad que siente por ser tan libre: «Seguramente, Óxford hubiera sido bueno; pero esto era lo absoluto». Un búho acompaña durante un buen trecho del camino a E. Abbey en sus paseos por el parque natural de Utah. Zorros, ciervos de los bosques de los Vosgos o de cualquier otro lugar, ríos de pesca en las Cevenas, pájaros variados, todo recorrido alejado de los caminos trillados es necesariamente animal.

En todas las narraciones europeas de viajes a pie está muy presente la amenaza de los perros con sus ladridos, o incluso con sus colmillos, impidiendo a veces la entrada en un pueblo o la libre circulación del caminante. Laurie Lee ya se enfrentó a su presencia furiosa y tenaz en la España de los años treinta, como en aquella ocasión en la que unos perros salvajes, «o quizás lobos gallegos», intentan desalojarle del refugio que ha encontrado para pasar la noche: «Se acercaron furtivos, gruñendo, rodeando el borde de mi cráter, erizados los pescuezos a la luz de la luna, y solo gritando, tirándoles piedras y deslumbrándolos con mi linterna, conseguí mantenerlos a raya. Hasta las primeras horas del alba no se marcharon, corriendo monte abajo y aullando; entonces caí en un sueño ligero y lleno de pesadillas, en las que sentía en los huesos sus colmillos calientes, amarillos» (Lee, 1985, 47). Más tarde, le muerde «un perro enloquecido con ojos como de gas amarillo» (Lee, 1985, 126). Como se ve, hace falta algo más que una mordedura para que Laurie Lee pierda su lirismo y su sentido de la orientación. Pero la espiritualidad del camino no protege del mal humor canino. El perro, que en esto refleja la psicología de su amo, no concede dispensa alguna al peregrino de Compostela o al excursionista pacífico, pues está más allá de toda categoría moral: para él, todos los hombres son iguales, y cualquier otro detalle está de más. Jean-Claude Bourlès, que lleva varios años recorriendo los caminos de Santiago, pasa un mal rato un día al entrar en una granja para preguntar si va en la dirección correcta, y nada más cruzar la puerta dos enormes pastores alemanes corren hacia él ladrando con rabia, los comillos listos para morder y el pelo erizado: «El ataque fue tan violento que me creí sin salvación posible. Pero el miedo que me inmovilizó fue también mi salvador, y con el bastón pude detenerlos y mantenerlos a distancia» (Bourlès, 1995, 22). Lentamente, retrocede hacia el camino mientras se defiende del asalto de las fieras. Por suerte, la llegada de su esposa actúa como distracción, y juntos consiguen mantenerlos a una buena distancia. Rechazado el ataque, huyen de esa peligrosa trampa a cielo abierto y retoman el camino, sanos y salvos. Louis Moutinot también es atacado por dos hermosos pastores alemanes que se precipitan hacia él con intención de morderlo cerca de Domme, en la Dordoña. Afortunadamente, Moutinot lleva consigo su cayado de peregrino y consigue golpear con él al primer perro, que huye despavorido seguido de su compañero (Moutinot, 1992, 13).

A veces se da la situación inversa, y los perros se convierten en inseparables compañeros de ruta del viajero prodigándole su afecto, pero hay que admitir que es mucho menos común. Es verdad que pueden llegar a ser hasta terriblemente molestos, cerrándonos el paso sin cesar, en busca de comida o de un poco de cariño, y resistiendo todo intento de desembarazarse de ellos, ya sea mediante la fuerza o el ingenio. El colmo llega por la noche al final de la etapa, cuando el propietario del establecimiento comunica con firmeza que los perros no son admitidos. Cuando Llamazares felicita a un campesino por la diligencia de su perro al traer una vaca de vuelta al rebaño, la respuesta inmediata es el ofrecimiento gratuito del animal. De hecho, se hará necesario un largo combate dialéctico para poder rechazar la supuesta ganga, que no sería en realidad más que un estorbo. Como último argumento desesperado, Llamazares propone al generoso campesino que sea el perro quien decida, y este, totalmente indiferente a la discusión de la que es objeto, sigue tranquilamente con su trabajo. Otro caso es el de J. Lacarrière, que hereda un perro errante que lo sigue durante varios días. Al final, acabará regalando el animal a un periodista que ya tiene suficientes problemas para criar a sus muchos hijos, pero que lo acoge con filosofía: «Después de todo, es solo una boca más que alimentar...».

La oblicuidad social

En noviembre de 1974, Lotte Eisner, crítica e historiadora de cine con varios libros fundamentales sobre cine alemán en su haber, fue hospitalizada en París en estado grave. Al enterarse de la noticia, el director Werner Herzog decide que su hora de morir no puede llegar todavía y retoma de manera profana la tradición del peregrinaje votivo. Mediante una acción propiciatoria, un sacrificio, establece una relación simbólica de intercambio con la muerte para que Eisner siga viva: «Cogí una chaqueta, una brújula, una bolsa de deporte y los enseres indispensables. Mis botas eran tan sólidas, tan nuevas, que merecían mi confianza. Me puse en camino hacia París por la ruta más directa, convencido de que, yendo a pie, ella sobreviviría» (Herzog, 1981, 7). Durante tres semanas, Herzog caminará a contracorriente del mundo contemporáneo, saltando vallas, atravesando campos y bosques, tomando a veces un camino al borde de una carretera, cediendo incluso a la tentación del autoestop para algunos trayectos cortos. Atravesará paisajes dominados por el frío, la nieve, el hielo o la lluvia. La brújula guiará sus pasos. Y cuando llegue la noche, reventará las puertas de alguna residencia secundaria o se enterrará en la paja de los establos, o se hará con una habitación en un albergue. Herzog caminará con los pies doloridos, agotado, helado o calado hasta los huesos, a veces aterrado por ruidos o visitas nocturnas desconocidas, caminará contra la muerte de una amiga, contra el tiempo, apostando con sus limitados medios de ser humano por la existencia del poder del corazón. La narración de esta marcha invernal está trufada de observaciones de un mundo en ruinas, en vías de extinción, de dislocación; es una travesía visionaria en la que el espacio y el tiempo parecen mezclarse. Mundo de signos premonitorios que solo el caminante puede percibir, pues ya no está bajo el foco de los proyectores, en su papel de la escena social, sino entre los mundos de las ciudades y los pueblos, caminando de acuerdo con su condición de hombre, apropiándose físicamente del espacio en un largo cuerpo a cuerpo con la tierra. Así se topará con un sinfín de situaciones singulares, de comportamientos insólitos de los hombres y de los animales, a veces del paisaje mismo, como si el hecho de estar pegado al peso del mundo autorizara a una videncia del paisaje, más allá de su simple visión. La tentación de dejarlo estar y tomar el tren a París es frecuente, pero Herzog llega al final a la cabecera de Lotte Eisner: «Entonces, me miró con leve sonrisa, y puesto que sabía que yo era de los que caminan, y desamparado por tanto, me comprendió» (Herzog, 1981, 138).

Los pasos son silenciosos y tranquilos, sin ceremonia. El caminante llega siempre de improviso, su presencia no es anunciada por ningún ruido, sorprendiendo las más variadas escenas, a veces inesperadas, otras veces ordinarias. Pasa como un ladrón por los pueblos dormidos o en plena actividad: los niños juegan, los perros lo observan, algunas cortinas tiemblan detrás de las ventanas dejando adivinar una indiscreción; hombres y mujeres trabajan en el campo, en su jardín, o talando árboles. Las voces se callan por un instante a su paso, revelando la atención de la que es objeto, pues la fuerza de la curiosidad lucha con la de la discreción entre los sedentarios a los que el viajero sorprende. Unas gallinas picotean en un corral de intenso olor a estiércol mezclado con paja. Se puede escuchar la agitación sorda de los establos. Un granjero sale de uno de ellos con una palangana de leche, mientras que, a lo lejos, las sábanas tendidas en una cuerda restallan al son del viento. Cuando Camilo José Cela llega a Taracena, no se ve un alma por la calle. «Bajo el calor de las cuatro de la tarde, solo un niño juega, desganadamente, con unos huesos de albaricoque. Un carro de mulas –la larga lanza sobre el suelo– se tuesta en medio de una plazuela. Unas gallinas pican en unos montones de estiércol. Sobre la fachada de una casa, unas camisas muy lavadas, unas camisas tiesas, rígidas, que parecen de cartón, brillan como la nieve» (Cela, 1965, 61). Laurie Lee se cruza con unos agricultores: «Era la culminación de la cosecha y, desperdigadas por los campos, se veían figuras de una extraordinaria brillantez, como si fueran mariposas, trabajando solas o en racimos y vestidas a tono con la luz –con camisas y pantalones azules, con amplios sombreros dorados atados con pañoletas verde y escarlata–. Sumergidos en la mies, las hoces centelleaban en sus manos como peces con destellos rítmicos de azul y plata; y al verme pasar los hombres se erguían y se protegían los ojos con la mano, mirándome en silencio o alzando el brazo en saludo, mostrando entre sus dedos negros de sol la llameante hoz como una sexta uña» (Lee, 1985, 88). Caminar es un universo de sorpresas, compartidas o secretas, que provocan el asombro de estar ahí y sorprender al tiempo en toda su fragilidad.

El caminante es un hombre de lo oblicuo. Aunque camine de día, simbólicamente es como una criatura de la noche: invisible, silencioso; en él desaparece toda claridad. Pasar por los lugares comunes de incógnito, huir de los caminos trillados para inventar un camino nuevo con los propios pasos, implica una cierta clandestinidad social. El caminante es un hombre del intersticio y del intervalo, de lo que está entre las cosas, pues al tomar las rutas secundarias se sitúa en la ambivalencia de estar a la vez dentro y fuera, aquí y allí. Entra por un instante, de improviso, en la vida y la historia individual de quienes están al margen de la plaza pública pues se han retirado de ella o desconfían de todo el mundo. El camino dispensa así tanto buenas como malas sorpresas. Siempre extraño y extranjero, el caminante pasará hoy la noche en un sitio distinto al de ayer. Y si hoy teje una amistad, mañana será un simple recuerdo. El caminante crea el camino a la medida de su cuerpo, de su aliento; no le debe nada a nadie, ni para dormir, ni para comer, ni para avanzar a lo largo de su camino –elige a sus acompañantes y cuando le place se refugia en su soledad–. «Una de las razones profundas que me impulsan a caminar –dice Jacques Lacarrière– es la de enfrentarme a lo desconocido en forma de encuentros fortuitos. Provocar cada día contactos imprevistos, ponerme a prueba, una prueba apasionante a la vez que desalentadora: ser siempre el extraño (juzgado, admitido o rechazado según la apariencia), e intentar revelar lo que uno es en los breves momentos de diálogo en el camino, en un café o en el patio de una casa» (Lacarrière, 1977, 62). Frecuentar los intersticios revela también el lado oculto del camino, tanto en el sentido literal como en el simbólico: esos dramas silenciosos de los que solo queda un ínfimo rastro. Un día, Werner Herzog se encuentra una bicicleta de mujer casi nueva, tirada en un riachuelo. Durante bastante tiempo, Herzog se preguntará acerca de su origen, sospechando un crimen o una pelea, una tragedia local de la que nadie quiere hablar.

La oblicuidad provoca a menudo la desconfianza, incluso la hostilidad, y levanta las sospechas de los policías, sorprendidos al ver un viajero sin automóvil. Pierre Barret y Jean-Noël Gurgand, que hace años recorrieron a pie el Camino de Santiago desde Vézelay, pudieron comprobarlo de manera siniestra. Nueve veces fueron parados por la policía, a menudo denunciados anónimamente por personas a las que les parecía sumamente sospechoso que dos hombres viajaran con mochila y sin coche (Barret, Gurgand, 1999, 276).

Paradójicamente, el hecho de venir de lejos y estar solo de paso desata también las lenguas y favorece el contacto inmediato. Ser un completo desconocido, y saber que en pocas horas cada uno estará lejos del otro, fomenta el encuentro: intercambios de palabras y de pequeños favores, un sorbo de agua o de vino, un mendrugo de pan o un plato en el restaurante local, un trecho del camino en carro o en tractor, a veces –una pequeña concesión a la ética de la marcha– una porción de carretera en automóvil. Beber la misma agua de la fuente o del manantial, compartir una noche al raso, empapados de la hierba saturada de rocío del amanecer, lavarse juntos en la orilla del río –son esas amistades efímeras de los caminantes que no tienen más consecuencias pero dejan un recuerdo imperecedero–.

Paseos

El paseo es una forma menor –y sin embargo esencial– del caminar. Rito personal, practicado sin cesar, ya sea de manera regular o al azar de las circunstancias, en soledad o en compañía, el paseo es una invitación tranquila a la relajación y a la palabra, al vagabundeo sin objetivo preciso, a retomar el aliento, a recordar un mundo tal como se percibe a la altura del hombre. En 1802, el filósofo alemán Schelle, amigo de Kant, escribe un corto tratado sobre el paseo considerado como un arte, con la intención de reconciliar su trabajo con la vida cotidiana. Pues, en efecto, en tanto que provoca el despertar de los sentidos y el espíritu, para este autor el paseo es concebido simultáneamente como una actividad física e intelectual. «La naturaleza individual y los pensamientos propios del individuo se desarrollan únicamente en las horas en que se encuentra lejos de todo espíritu extraño, en un tú a tú consigo mismo» (Schelle, 1996, 51). Las exigencias del cuerpo y el espíritu se ponen de acuerdo para demandar una atención al mundo distinta según el lugar: «Si en los paseos campo a través es el sentimiento de la naturaleza el que domina –aunque estemos acompañados–, en los paseos por la ciudad y sus alrededores es la idea de la vida en sociedad la que predomina en los sentimientos del alma, incluso aunque el recorrido se lleve a cabo en absoluta soledad» (Schelle, 1996, 64).

El paseante es una especie de reflejo del lugar que recorre, aunque es cierto que su estado de ánimo también tiene una influencia determinante en lo que puede ver. Thoreau habla de la necesidad interior que le lleva a caminar por lo menos cuatro horas al día, y de su dolor cuando otras ocupaciones lo retienen en su habitación hasta más allá del mediodía, arriesgándose así a que su cuerpo se oxide. Pasear es a sus ojos tan ineludible como dormir. La elección del lugar por el que paseará se le hace a veces complicada, pero Thoreau tiene una respuesta: «¿Por qué resulta a veces tan arduo decidir hacia dónde caminar? Creo que existe en la naturaleza un sutil magnetismo y que, si cedemos inconscientemente a él, nos dirigirá correctamente. No da igual qué senda tomemos. Hay un camino adecuado, pero somos muy propensos, por descuido y estupidez, a elegir el erróneo. Nos gustaría tomar ese buen camino, que nunca hemos emprendido en este mundo real y que es símbolo perfecto del que desearíamos recorrer en el mundo ideal e interior; y si a veces hallamos difícil elegir su dirección, es –con toda seguridad– porque aún no tiene existencia clara en nuestra mente» (Thoreau, 1998). De nuevo, Thoreau expresa maravillosamente bien la capacidad de metamorfosearse que tienen los lugares ya conocidos, y sobre todo la inmensidad de los lugares cerca de nuestra casa que todavía están esperando que los descubramos: «Mi región ofrece gran número de paseos espléndidos; y aunque durante muchos años he caminado prácticamente cada día, y a veces durante varios días, aún no los he agotado. Un panorama completamente nuevo me hace muy feliz, y sigo encontrando uno cada tarde. Dos o tres horas de camino me llevan a una zona tan desconocida como siempre espero. Una granja solitaria que no haya visto antes resulta a veces tan magnífica como los dominios del rey de Dahomey. La verdad es que puede percibirse una especie de armonía entre las posibilidades del paisaje en un círculo de diez millas a la redonda –los límites de una caminata vespertina– y la totalidad de la vida humana. Nunca acabas de conocerlos por completo» (Thoreau, 1998). El paseo inventa el exotismo de lo familiar, y desubica la mirada al hacerla sensible a las más ínfimas variaciones del detalle.

Escribir el viaje

Todo viaje es un discurrir, una narración anterior cuando el recorrido se imagina, y una narración ulterior que hacemos después cuando se cuenta a los amigos o a los conocidos, una vez llegados a casa o todavía en camino. La escritura es la memoria de los innumerables acontecimientos cosechados al hilo del camino, de las emociones e impresiones que se han sentido; una manera que tiene el viajero de escapar del tiempo transformándolo en páginas de un cuaderno, para poder volver a él más tarde con nostalgia y revivirlo gracias a los miles de señales localizadoras que se han dejado en el texto. La memoria es lo que es, y la suma de nuestras caminatas olvidadas da vértigo, a tenor del número de las que apenas queda un vago recuerdo, o incluso nada de nada. Sin embargo, aquellas de las que hemos mantenido un diario se mantienen vivas gracias al esfuerzo que ha sido necesario para anotar regularmente las peripecias y las lecturas del viaje, o para sumergirse en los recuerdos o en la nostalgia, o incluso para rememorar los episodios pasados antes de ponerse de nuevo en marcha. Es cierto que con el paso de los años la imaginación se mezcla con lo real, el laconismo de ciertas frases nos da a entender mucho más de lo que contienen, pero al menos queda un buen almacén de imágenes. El esfuerzo de la memoria por reconstruir una marcha llevada a cabo sin haber tomado notas o fotos está destinado al fracaso, más allá de los pocos casos de peripecias memorables. Cuando escribe sus *Confesiones*, Rousseau declara su pena por no haber registrado ninguna de las impresiones del pasado, cuando caminar era para él una felicidad sin fin: «Lo que más siento, en punto a detalles de mi vida que se me han olvidado, es no haber hecho un diario de mis viajes» (Rousseau, 1979, 152).

En sus memorias, Kazantzaki transmite la sensación que todos hemos experimentado alguna vez, al descubrir un día uno o más de esos cuadernos escolares garabateados con una letra que apenas ha cambiado muchos años después. Es la experiencia de volver a sumergirnos en una memoria intacta donde la sensorialidad se reaviva con cada frase: «Hojeo el cuaderno de viaje amarillento. Nada está muerto, todo dormía en mí; y ahora, todo aquello se despierta y asciende de las páginas envejecidas, medio borrosas, y se convierte en monasterios, monjes, pinturas, mar. Y también mi amigo asciende de la tierra, hermoso como era entonces, en la flor de su juventud, con su risa homérica, su mirada de águila, tan azul, y su pecho henchido de poemas» (Kazantzaki, 1975, 278-279). Töpffer, ya viejo y acosado por problemas de salud, se ve obligado a renunciar a sus viajes en zigzag con amigos y alumnos. El camino de su pluma en el papel toma entonces el testigo del de sus pasos en la tierra: «Llegado el momento de dejar de empuñar su bastón de viajero, quien escribe estas líneas prevé con tristeza que no lo va a poder retomar en breve. Y en la creencia de esta contrariedad, el autor se ha deleitado en recoger en la relación que sigue diversos recuerdos y experiencias, esperando, claro está, que sean útiles a quienes estén tentados de seguir sus pasos en el camino de las excursiones alpinas» (Töpffer, 1996, 348).

Por suerte, las narraciones de los viajes a pie conforman un subgénero muy importante dentro de la literatura de viajes. Buena prueba de ello es el número de autores que dentro del presente texto caminan en armonía. Apenas montado en el barco que le llevará hasta Róterdam cruzando el canal de la Mancha, P. Leigh Fermor se instala en el salón, saca religiosamente su diario de viaje, y anota en él las primeras líneas de su narración. El verdadero punto de partida, el momento del bautismo, comienza con la primera línea del texto. Más tarde, desafortunadamente, alguien le robará el diario con su mochila y su dinero en un albergue juvenil de Múnich, pero P. Leigh Fermor lo retomará de inmediato en otro cuaderno, sin dejarse desanimar por las circunstancias. Caminamos también para escribir, contar, capturar imágenes en palabras, mecernos a nosotros mismos en dulces ilusiones, acumular recuerdos y proyectos.

La reducción del mundo o caminar

En realidad, el que las carreteras se hayan vaciado de caminantes y solo las recorran ahora los automóviles es un fenómeno bastante reciente. Si bien para nuestros ancestros el caminar se imponía como casi la única forma de desplazarse, hasta para los viajes largos, hoy en día no es más que una elección, incluso una forma deliberada de resistencia a la neutralización técnica del cuerpo que distingue a nuestras sociedades modernas. Aunque dentro de la ciudad se mantiene como un medio de desplazamiento muy importante, caminar entre dos ciudades o dos pueblos se ha convertido en algo prácticamente impensable; ni siquiera hay una protección que aísle de la carretera al caminante impenitente que se aventurara a hacerlo. Por otro lado, en la mayor parte del mundo los peatones le disputan todavía un magro espacio al autobús, los coches y los innumerables vehículos de dos ruedas. En Asia, en Latinoamérica, en África, hasta en las carreteras más transitadas se mezclan permanentemente los vehículos de todo tipo con los peatones, a veces incluso con los pastores y sus rebaños. En los años treinta, cuando Laurie Lee se puso en camino, se topó con un grupo de caminantes más o menos aguerridos, compuesto tanto de vagabundos como de desempleados en busca de un trabajo: «Eran como un ejército disgregado que se alejara de las batallas: las mejillas hundidas, los ojos apagados por la fatiga. Algunos transportaban bolsas llenas de herramientas o míseras maletas de cartón; otros se cubrían con la sombra de un traje de ciudad; algunos, cuando se detenían a descansar, se quitaban los zapatos con cuidado y los limpiaban abstraídos con puñados de hierba» (Lee, 1985, 19). Los caminantes de hoy ya no son los mismos, y las carreteras en principio están vacías y dominadas por los automóviles. La cultura del camino se ha transformado, se ha convertido en un pasatiempo, en un *hobby*, si bien hoy en día sigue habiendo un gran número de jóvenes vagabundos (Chobeaux, 1996) y de personas sin techo (es decir, de itinerantes entregados únicamente a su cuerpo).

El mundo por el que se puede caminar se reduce con la extensión progresiva de las zonas urbanas, de las autopistas que cortan el recorrido, de los trazados de líneas de tren de alta velocidad o de los antiguos caminos de tierra acondicionados para que permitan el acceso a los bosques de coches todoterreno o incluso de automóviles urbanos. El crecimiento de la rentabilidad turística de una región implica a menudo un desarrollo de las infraestructuras terrestres que no tiene en cuenta al caminante, considerado como un personaje anacrónico a menos que se contente con pasear por unas zonas determinadas para su uso y disfrute. El elogio al automóvil es omnipresente, y crea un universo necesariamente hostil al caminante o al ciclista (a juzgar al menos por las reglas y las normas de conducta en vigor, que siempre perjudican al más débil). Claramente, los espacios indeterminados, abiertos al deambular, a la sorpresa, al descubrimiento, son cada vez más escasos. En los Estados Unidos, E. Abbey proclama el dolor que le provoca ver cómo se transforman espacios maravillosos a los que tiempo atrás llegaban solo los amantes de la naturaleza, pues eran los únicos que no temían caminar unos cuantos kilómetros lejos de su vehículo en busca de un exilio radical. Así, en poco más de una década, el parque nacional Arches, en Utah, pasó de unos pocos miles de visitantes al año a varios cientos de miles. La construcción o la ampliación de las carreteras para que puedan acceder los vehículos y la creación de infraestructuras han convertido lo que eran lugares de meditación y silencio en enormes *campings* que retumban con el estruendo de los televisores, las radios, los ciclomotores y los automóviles.

La industria turística acomoda los lugares únicos y delicados y los dispone para su consumo rápido, pero con ello destruye su aura al banalizarlos. «El progreso, al fin, ha llegado al parque Arches, tras un millón de años de abandono. La industria turística ya está aquí» (Abbey, 1995, 73). E. Abbey enumera así un gran número de lugares mágicos que antes eran accesibles solo tras unas cuantas horas de camino a pie, lo que garantizaba la soledad, el silencio, la belleza, y que hoy han sido entregados a las masas motorizadas gracias a la construcción de nuevas carreteras –que permiten acceder a ellos sin complicaciones, pero que espantan inevitablemente a los caminantes–. Abbey teme que el resto de los bosques y parques nacionales norteamericanos corra la misma suerte. El nervio de la guerra es la accesibilidad: en cuanto un lugar es accesible en coche, recibe irremediablemente un infinito número de visitas motorizadas. «¿Qué significa la accesibilidad? Me pregunto si existe un solo lugar en la tierra cuya accesibilidad no haya sido demostrada por el ser humano con los medios más simples: los pies, las piernas y el corazón» (Abbey, 1995, 78). ¿Cómo podremos arrancar a los hombres de su automóvil y ponerlos de nuevo sobre sus pies, para que sientan de nuevo la tierra bajo sus pasos? «Se quejarán del cansancio físico los nietos de los pioneros. Pero no por mucho tiempo: una vez que hayan redescubierto el placer de poner en marcha sus miembros y sus sentidos de distintas maneras, espontánea o voluntariamente, se quejarán entonces de tener que volver al coche» (Abbey, 1995, 86).

La iniciativa de la Mountain Wilderness, asociación que reivindica la creación y defensa de zonas de indeterminación, de terrenos baldíos para la invención, el descubrimiento, el juego, la libertad, contra los proyectos de domesticación y urbanización de la montaña, es válida para el mundo entero. Para que la racionalización y la rentabilización de los espacios a la que asistimos hoy respete ciertos espacios donde el hombre pueda realizarse en libertad y soledad, sin ataduras de ningún tipo.

Caminantes de horizontes

En los días agradables, este cuerpo frágil –nuestra riqueza– nos mantiene ocupados. Lo consideramos con humor, remordimiento, amargura, porque se disgrega: este diente que nunca volveremos a ver, este cabello, estas arrugas, este patrimonio, esta fortuna que se agota día a día. Simple instrumento para el acto que hay que llevar a cabo. Tú no cuentas más que para eso, como el dinero necesario para comprar algo. Y lo que se compra, en este caso, no se puede malgastar, metido en un cofre para nuestra existencia mortal.

MICHEL VIEUCHANGE, *Esmara. Diarios de viaje*

Cabeza de Vaca[4]

El 17 de junio de 1527, Álvar Núñez Cabeza de Vaca partía del puerto andaluz de Sanlúcar de Barrameda en dirección a la Florida. Lo hace en calidad de tesorero y alguacil mayor de una expedición de exploración y conquista de esos territorios; pero tras un sinfín de peripecias, naufragios y enfrentamientos con los indígenas, Cabeza de Vaca y varios de sus compañeros serán hechos prisioneros y forzados a trabajos serviles que los agotan hasta la extenuación, humillados, separados unos de otros. Al final, Cabeza de Vaca acaba olvidando definitivamente su condición de hidalgo y se convierte en vendedor ambulante que va de pueblo en pueblo cambiando caracolas y conchas de mar por cueros, almagra para pintura, pedernales y caña dura para

[4] Este capítulo es arbitrario en la elección de los autores: otros muchos podrían igualmente haber aparecido. Pero he querido sobre todo expresar mi fascinación por hombres como Cabeza de Vaca, Richard Burton, René Caillié o Michel Vieuchange, figuras ejemplares del caminar, de la aventura extrema, con todo lo que tiene de aliento, de generosidad, de absoluto. Estos personajes me maravillan, y escribir acerca de ellos era para mí una manera de establecer una connivencia con lo que amo y me importa. Significa también, quizá, ser injusto con aquellos de los que no hablo, pero la voluntad de exhaustividad en esta materia no tiene mucho sentido.

fabricar flechas. Gracias a esta estratagema, podrá recorrer incansablemente toda la región en busca de una manera de escapar, adaptándose poco a poco a un medio hostil, sobreviviendo al hambre y al frío. ¿Cómo escapar de una cárcel que no está estrechamente delimitada por cuatro muros, sino que es una hostil inmensidad solo definida por la voluntad del individuo de liberarse de ella? El único medio de evadirse será pues una larga marcha casi imposible hacia las zonas habitadas por españoles, a miles de kilómetros, en la incertidumbre de lo que el camino pueda depararle. Y durante seis interminables años, Cabeza de Vaca se prepara metódica y pacientemente, hasta que oye decir que tres de sus compañeros están en un pueblo cercano viviendo como esclavos. Va a su encuentro y les propone escapar con él, pero la prudencia se impone a pesar de que el sufrimiento, la humillación y las amenazas de muerte no cesan de pesar en los cautivos.

El descubrimiento inesperado de un supuesto poder chamánico, atribuido generosamente a Cabeza de Vaca por los indígenas, libera finalmente a los cuatro hombres. A continuación, irán de pueblo en pueblo, precedidos por su reputación de taumaturgos. Pero, a pesar de la hospitalidad de los indígenas, seguirán pasando hambre y frío, y al término de un periplo largo y difícil los cuatro hombres habrán recorrido a pie Norteamérica de lado a lado, desde las costas de Florida hasta las del Pacífico. Y sin embargo, el hermoso libro de Cabeza de Vaca no hace ninguna alusión a esta agotadora marcha por América. Este hombre no es nuestro contemporáneo, no antepone la hazaña a todo lo demás, no valora el riesgo por el riesgo, no hay en él una puesta en escena de sí mismo, sino la sobriedad de una narración más preocupada por mostrar las difíciles relaciones con los indígenas, sus costumbres, el hambre, el frío, el miedo de no poder volver a España nunca más. Una serie de tormentos en los que el individuo se desdibuja y expone sin complacencia narcisista sus variadas nostalgias, su deseo de seguir viviendo. Una confianza en Dios que se mantiene inalterable no les impide a estos hombres ayudar al cielo todo lo que pueden para que este les ayude: Cabeza de Vaca da las gracias a Dios por su clemencia, pero no habla de todo el valor y toda la paciencia que le han sido necesarios para salir con vida de su aventura. Tras más de diez años de cautiverio, los cuatro hombres llegan exhaustos a la ciudad de Compostela, en México. Son los únicos supervivientes de los seiscientos hombres que partieron de Sanlúcar años atrás.

Caminar hacia Tombuctú

René Caillié nace en el seno de una familia pobre en el departamento de Deux-Sèvres, en el oeste de Francia. Sus padres mueren siendo un niño, y es recogido por un tío, con quien aprende a leer y se forma en un trabajo manual. Pero la pasión de la lectura lo aísla de los demás y, soñando con viajes y exploraciones, en 1816 consigue convencer a su tutor para que le deje embarcarse en el *Loire*, que hace la ruta a Senegal. Es tan pobre que los habitantes de su pueblo, Mauzé, colaboran para comprarle un par de zapatos. Llegado a Saint-Louis, en Senegal, Caillié viaja a pie hasta Dakar acompañado por unos vigorosos africanos que le hacen sufrir una dura experiencia. Por primera vez en su vida conoce el cansancio extremo, la sed, la arena bajo sus pasos y las múltiples heridas de los caminantes. Pero el joven Caillié no duda en unirse a una de las expediciones que desde Dakar se precipitan hacia el interior del continente, y en 1819 se suma a una caravana europea que experimentará momentos difíciles durante el periplo. En ocasiones, Caillié sufrirá una sed terrible, pero en ningún momento dirá nada, pues sabe cuál es su sitio. «Después me dijeron que estaba sin aliento, con los ojos despavoridos, la lengua fuera; yo solo recuerdo que a cada alto en el camino me caía al suelo sin fuerzas, no podía siquiera comer» (Caillié, 1996, T1, 46). La pequeña caravana no tarda en caer bajo el arbitrario yugo de un monarca local que les somete deliberadamente a un prolongado periodo sin agua, entre otras terribles calamidades. Agotado, enfermo, Caillié vuelve sano y salvo a buen puerto sin haber renunciado a sus sueños. El fracaso de sus empresas con los europeos le inspira una idea temible a primera vista, pero que se revelará como un gran acierto: va a aprender la lengua árabe y a iniciarse en el islam para penetrar más fácilmente en el corazón de África, sin levantar el odio a su paso. En 1824, Caillié comienza su periplo confesando a unos musulmanes del reino de Brakna que la lectura fortuita del Corán le ha hecho comprender dónde está el Dios verdadero. Y continúa con su historia: la reciente muerte de su padre le ha liberado de sus deberes al heredar un cierto desahogo financiero, y ha venido a encontrar en sus amables huéspedes una sabiduría espiritual que, a juzgar por lo escuchado en Saint-Louis, no tiene parangón en el mundo entero. Lisonjeando así su vanidad, agitando frente a sus ojos sus supuestas riquezas, dándoles a entender que su conversión era inminente, a Caillié no le costó mucho conseguir ser aceptado por los habitantes de Brakna, quienes acabarán convirtiéndose en sus maestros espirituales.

Desde sus primeros pasos en el largo viaje que le acabará llevando hasta Tombuctú, Caillié es tratado con una generosidad y un desprecio que se alternan durante todo el recorrido. Nada más salir de Saint-Louis, se lastima los pies, que se le han llenado de espinas tras una caminata nocturna, pero un generoso anciano se las quita una a una y le ofrece su humilde morada para que descanse un rato. Y, sin embargo, poco más tarde se topa con una multitud en pleno campo que se burla de él, que le obliga a repetir varias veces su fe islámica y a decir si se va a circuncidar, que le tira de los pies y de los brazos hasta que se enfada y le dejan por fin tranquilo. Pero al día siguiente todavía es la atracción local: «¡Venid a ver al cristiano!». Las chanzas aparecen de nuevo, los niños le tiran piedras ante la mirada divertida de los adultos. Y así es como los buenos y los malos tratos se seguirán sucediendo durante el viaje.

Caillié escribe su diario de viaje tras su retorno a Francia, a partir de las notas tomadas clandestinamente, «temblando y, por así decir, a la carrera» (Caillié, 1996, T1, 37). Pues, en efecto, desconfía todo el tiempo de todo el mundo, temiendo que le descubran escribiendo en su cuaderno, lo cual revelaría su estratagema. Aun así, es capaz de describir prolijamente las costumbres de cada pueblo por el que pasa, la geografía, la vegetación, etc., e incluso narra con meticulosidad los pequeños episodios personales de su periplo. Su fingido islamismo le obliga a un ayuno que empeora las ya de por sí difíciles condiciones de su viaje. Además, muchas veces la autoridad de los morabitos no puede impedir que allá por donde vaya la gente le acose a preguntas, le empuje, le impidan dormir, lo atormenten de mil maneras, etc. En todas partes Caillié se convierte en una atracción, un muñeco de feria sometido a la arbitrariedad de las masas. Pero finalmente consigue aprender la lengua árabe, iniciarse en la religión islámica y regresar a Saint-Louis.

De vuelta en el punto de partida, Caillié se topa con la intransigencia de las autoridades coloniales francesas, que le niegan todo tipo de ayuda para ir a Tombuctú. Parte entonces a trabajar en una fábrica de índigo en Sierra Leona. Allí pide ayuda a los ingleses, quienes le escuchan con benevolencia pero rechazan toda colaboración por no hacerle sombra al proyecto del mayor Laing, quien, según descubre Caillié, tiene la misma ambición. Pero el francés no se rinde. Está absolutamente solo, pero se entera de que la Sociedad Geográfica de París ha prometido un premio al primer europeo que llegue a Tombuctú y, a pesar de lo avanzado de la expedición de Laing, se jura a sí mismo que será el primero en llegar, superando todas las trampas y dificultades que continuamente se ha encontrado desde que llegó a Senegal. Así que durante su estancia en Freetown, la capital de Sierra Leona, se prepara un guion para justificar en el futuro su presencia en el corazón de África: se presentará como un egipcio de nacimiento raptado de niño a su familia por el ejército francés y criado en Francia contra su voluntad, al que se le ha presentado la oportunidad de viajar a Senegal para arreglar unos asuntos de su amo, pero que es en realidad la excusa perfecta para volver a Egipto, ver si sus padres siguen vivos y retomar su religión natural. Este fingimiento no le impide dirigir «las más fervientes plegarias al Dios de los cristianos» para que bendiga su viaje (Caillié, 1996, T1, 192).

El 19 de abril de 1827, Caillié da sus primeros pasos hacia Tombuctú, acompañando una pequeña caravana. Durante el camino, se le empieza a atribuir una capacidad curativa casi mágica que acaba haciendo que allá por donde pase la caravana una multitud de enfermos acuda a recibirle. Él se deja querer y se vuelca en su nuevo rango, emocionado porque a pesar de su humilde condición ha sido súbitamente ascendido a médico. Y convencidos de la buena fe del francés, los guías nativos diseminan por el camino la leyenda de su cautiverio cristiano y su retorno al redil del islam, lo que le vale generalmente la compasión de sus compatriotas. A medida que la caravana se adentra en África, el color de la piel de Caillié provoca una mayor sorpresa entre la gente. El desánimo y la desesperación lo invaden cuando las inundaciones empiezan a dificultar el paso, pero él no se rinde, ni siquiera cuando la tierra empapada le impide utilizar las sandalias. Caillié camina entonces descalzo, y las llagas no tardarán en aparecer. En agosto, tras haber completado ya más de un tercio del recorrido (todavía le quedan setecientos kilómetros de camino), la fiebre se abate sobre él. Como sus pies están en un estado lamentable, se detiene unos días para recuperarse y evitar en la medida de lo posible los ríos y los pantanos inundados que aún tiene por delante. Su propósito es ponerse de nuevo en marcha unos días después, cuando pase la próxima caravana, pero las úlceras de los pies no se curan, más aún, no dejan de empeorar debido a la humedad ambiental. Fuera, en el exterior de la casa donde una anciana lo cuida con dedicación, no para de llover. En septiembre, las lluvias comienzan a remitir, y los pies a cerrar sus heridas. Estos meses en el pequeño Timé, en la región de Kong, actual Burkina Faso, son particularmente amargos para Caillié, no solo por las horribles llagas de sus pies y su forzosa inmovilidad, sino por los infinitos ruegos y súplicas a los que la gente del pueblo le somete día tras día, pues creen que es un hombre muy rico.

A mediados de noviembre la herida por fin se ha curado y Caillié se prepara para unirse a la próxima caravana con rumbo a Djenné, a dos meses de distancia. Pero entonces le sobreviene un grave ataque de escorbuto: «Mi palacio se derrumbaba. Una parte de los huesos se me caía a pedazos del cuerpo, mientras que mis dientes parecía que iban a salirse de las encías. Mis sufrimientos no tenían fin, eran espantosos. Incluso llegué a temer que mi cerebro fuera a estallar por la fuerza del dolor que sentía dentro del cráneo. Durante más de quince días, no tuve un instante de reposo o de sueño. Para colmo de males, las llagas de mis pies se reabrieron. Para entonces ya no albergaba esperanza alguna de poder partir» (Caillié, 1996, T2, 21). Las cicatrices lo desfiguran, dándole un aspecto repulsivo, y se verá obligado a comer solo en un rincón para no exponerse al odio o al asco de sus compañeros. La anciana le sigue prodigando sus cuidados sin cesar, pero él en su agotamiento absoluto ya solo desea morir. Además, mientras el sufrimiento físico lo consume, puede ver con desesperación cómo la estación seca va tocando a su fin. Por fin, a principios de enero, todavía convaleciente, Caillié retoma el camino, a pesar del cansancio debido a la larga inmovilización. El sueño de Tombuctú sigue ardiendo en su interior. Exhausto, vuelve a ser objeto de burlas y vejaciones por parte de las sucesivas poblaciones locales, importunado, insultado, despreciado, por quienes al mismo tiempo le exigen continuamente regalos.

El 13 de marzo consigue embarcar en una canoa que lo llevará, en una navegación también muy tormentosa, hasta las puertas de Tombuctú. Y el 20 de abril de 1828, el niño pobre de Mauzé cumple su sueño contra todo y contra todos, y entra en la ciudad. «Me invadió un sentimiento inefable de satisfacción: jamás había tenido una sensación parecida. Mi alegría era extrema». Sin embargo, pronto tendrá que abandonar su entusiasmo: «El espectáculo que tenía ante los ojos no cumplía ni mucho menos con mis expectativas: me había formado una idea completamente distinta de la grandeza y la riqueza de la ciudad. Tombuctú no es a primera vista más que un amasijo de casas de adobe mal construidas, y en todas las direcciones no se ven más que planicies inmensas de arenas movedizas... Sin embargo, hay un no-sé-qué tremendamente imponente en una ciudad tan grande irguiéndose en medio de la arena, y desde luego hay que admirar los esfuerzos que sin duda tuvieron que hacer sus fundadores» (Caillié, 1996, T2, 212). Caillié se entera allí de la muerte del mayor Laing, asesinado en 1826 cuando ya regresaba a Freetown. Es, pues, el segundo europeo que entra en Tombuctú. Pero, a diferencia del mayor Laing, él sigue vivo. Si bien con la amenaza siempre presente del indigno final de los impostores.

Caillié sale de Tombuctú el 4 de mayo, alistado en una caravana mora que lleva esclavos a las costas de Marruecos atravesando el desierto del Sáhara. Su guía es un triste personaje que transformará la parte final del viaje en un infierno, un tormento de sed que nada puede calmar[5]. Los malos tratos a los que

---

[5] En su narración del camino de vuelta a Harar Jugol, a marchas forzadas y prácticamente sin víveres ni agua, Burton describe su obsesión por el agua en unos términos que nos permiten comprender mejor el sufrimiento de caminantes del desierto posteriores como Caillié o Vieuchange. «El demonio de la sed nos perseguía sin piedad. El sol nos abrasaba el cerebro, los espejismos nos conducían al error constantemente, y acabé por ser víctima de una especie de obsesión. Avanzando a paso ligero, con los ojos cerrados en el aire ardiente, ya no alcanzaba a concebir imagen alguna que no estuviera relacionada con el agua. Agua siempre presente ante mí, en ese pozo a la sombra, o en aquellos riachuelos de agua helada gorgoteando al surgir de las rocas, o quizás en esos lagos inmóviles que me invitaban a zambullirme y sumergirme en ellos [...]. Abría los ojos y solo veía ante mí una inmensa planicie, humeante de calor, bajo un cielo azul metálico y eterno, un espectáculo tan bello para el pintor o

el guía le somete llevan a los demás miembros de la caravana, e incluso a los esclavos, a burlarse de él, a insultarlo, a privarlo de agua o de comida, a tirarle piedras, a intentar pegarle, etc. Caillié se convierte en el chivo expiatorio de todas sus frustraciones. Unos perros llegan a atacarle y morderle ante la indiferencia general. Por suerte, también hay unos pocos moros que se apiadan de él y critican la actitud de sus compañeros, dándole de vez en cuando un poco de agua y de comida. En medio de este sufrimiento, Caillié continúa su particular travesía del desierto. El 14 de agosto llega a Fez, agotado y enfermo, para partir inmediatamente hacia Tánger, ciudad a la que llega el 7 de septiembre y desde la que embarca, no sin dificultades, en una goleta francesa rumbo a Toulon. Una vez en París, Caillié consigue cierta notoriedad: su relato de valentía y tenacidad comienza a ser conocido, la Sociedad Geográfica de París le recompensa, como estaba previsto, y escribe un diario del viaje que aparecerá en 1830. Caillié se casa y se instala en un pueblecito de la región de Champagne, del que acaba siendo alcalde. Tiene

el poeta, pero tan vacío y fatal para nosotros... Solo podía pensar en una cosa: agua» (Gournay, 1991, 61).

cuatro hijos, pero no cesa de planear su regreso a África, de proyectar nuevas expediciones, aunque su precario estado de salud le impide encontrar una fuente de financiación. Hasta en su lecho de muerte, Caillié soñará con partir de nuevo. En 1838, con treinta y ocho años, el paludismo acaba con él.

La marcha hacia los Grandes Lagos

Detengámonos un poco más en esta expedición mítica, casi un calvario, guiada por un personaje excepcional, Richard F. Burton, quien junto a su compañero John Speke partió en busca de las fuentes del Nilo. Un buen número de regiones de África, Asia o Latinoamérica fueron exploradas por caravanas y expediciones que sobrevivieron a condiciones física y moralmente extremas, en las que la resistencia de mulas, camellos o caballos era un factor decisivo. Este tipo de aventuras definen además una de las figuras heroicas del caminar. En junio de 1856, Richard Burton y John Speke, dos oficiales del ejército de las Indias, inician una larga marcha de exploración bajo los auspicios de la Sociedad Geográfica de Londres. Su objetivo: los Grandes Lagos de

África oriental, cuya existencia no pasaba de ser una conjetura en Europa. Los dos compañeros de fatigas se habían conocido en Abisinia en 1854, durante una expedición previa a la ciudad prohibida de Harar, en la que con gran audacia Burton consiguió entrar y permanecer por un tiempo. Todo opone a estos dos hombres: la indisciplina y la erudición de un Burton entregado a un inagotable juego de vivir y con una curiosidad siempre en vela, contrastan con el rigor de un Speke imbuido de rígidos principios, arrogante, desdeñoso y displicente con las poblaciones locales, siempre con un fusil en la mano pues está obsesionado con cazar (Le Breton, 1996). Para Burton, siempre al acecho de rumores, los lagos estarían en las fuentes del Nilo Blanco, que es el principal aporte permanente de agua de esta cuenca. Pero todas las expediciones anteriores han fracasado, ya sea por culpa de las fiebres, por los pantanos, por las masacres a manos de las poblaciones locales. De hecho, el primer intento de Burton (todavía sin la ayuda de Speke) forma parte de esa serie de aventuras malogradas: la caravana es atacada, uno de los ingleses muere tras ser destripado y mutilado con crueldad, y Burton recibe graves heridas en la cara.

Así que en junio de 1857 una segunda caravana compuesta por ciento treinta hombres y treinta mulas cargadas de pacotillas, víveres y material parte de Bagamoyo, frente a la isla de Zanzíbar, bajo la dirección de Burton y con Speke en sus filas. Cada hombre porta una treintena de kilos de material en la espalda, además de las armas y los enseres personales, y los caminos más transitables apenas miden un metro de ancho: trazados por el hombre durante la estación seca, la vitalidad de la vegetación tropical los sepulta nada más llegar la estación de las lluvias. En la jungla han de detenerse a cada paso para cortar ramas y lianas a golpe de hacha o de podón, tallando un túnel vegetal para avanzar por la inextricable espesura mientras que la carga no cesa de engancharse en las ramas; en los pantanos y ríos, los cortes se hacen en el agua, lo que les obliga a hundirse hasta la cintura. En el paso de las montañas habrá que escalar pendientes rocosas donde los tropiezos son frecuentes, el abismo amenaza con tragarse a los hombres a la más mínima distracción y el peso y la carga de la espalda resultan agotadores. En los trechos de llanura habrá que resistir a la gigantesca fuerza de un sol abrasador, mientras que por el contrario en las noches el peligro es un frío glacial. Y en todo momento, los insectos, las heridas que la humedad no permite curar, las fiebres y las enfermedades que se ensañan particularmente con los dos ingleses. Pocos son los hombres que pueden sobrevivir en estas regiones malsanas. Únicamente los animales salvajes salen a recibirlos, mirando tranquilamente pasar la exhausta columna de caminantes.

Al cabo de unas semanas, el mismo Burton está cerca de darse por vencido: «Tras una noche pasada en Tunda, en medio de una vegetación excesiva, me siento abatido, me duele la cabeza, los ojos me arden, tengo en las extremidades temblores dolorosos; la fatiga, el frío, el sol, la lluvia, la malaria, la inquietud, se reúnen para acabarme» (Burton y Speke, 1996, 17). No son más que los primeros pasos de una marcha que durará casi dos años, y durante la que sus protagonistas europeos vivirán toda la rudeza a la que África puede someternos cuando pretendemos, como estos hombres, afrontarla en la desnudez del cuerpo a cuerpo; cuando, en definitiva, no somos más que una brizna de paja en el paisaje. Burton confiesa cada día su desesperación y su amargura por las difíciles condiciones en las que avanza la caravana. Percibe la empresa como una burla, pero no deja de desear con todas sus fuerzas llevarla a buen término. Sus hombres, sepultados por la vegetación, recorren con un sentimiento de terror contenido los caminos abiertos para la trata de negros por los mercaderes árabes; su indisciplina, su falta de rigor en el trabajo, sus peleas constantes, sus deserciones, sus pequeños hurtos mortifican a los dos ingleses, que se ven incapaces de controlar la situación. Las mulas mueren una tras otra, y las pocas que quedan paralizan a menudo la marcha con sus caprichos.

En septiembre de 1857, Burton y Speke están muy enfermos, y la moral está bajo mínimos. «Temblorosos de fiebre, presas del vértigo, contemplamos con abatimiento el sendero perpendicular: una escalera en la que las raíces y hendiduras de la roca forman los escalones. Mi acompañante [Speke] está tan débil que son necesarias tres personas para sostenerlo; yo, todavía, no necesito más que un solo apoyo. Los cargadores se asemejan a babuinos que escalan los muros de un precipicio; los asnos caen a cada paso; la sed, la tos y el agotamiento nos incitan a acostarnos mientras el grito de guerra resuena de colina en colina y los indígenas armados de flechas y de lanzas afluyen como un enjambre de hormigas negras. Tras seis horas de increíble esfuerzo, el final del pasaje terrible ha sido conquistado y nosotros recuperamos el aliento en medio de plantas aromáticas y arbustos reverdecientes» (Burton y Speke, 1996, 27). Cuando no son las fiebres o los muchos obstáculos naturales, los jefes que amenazan y reclaman derechos de paso también frenan la marcha, imponiendo sus caprichos a estos dos ingleses que ya no saben qué hacer aparte de aceptar con resignación el sometimiento a su voluntad. Los insectos tampoco dan tregua: moscas tse-tse, abejas y tábanos, hormigas negras que no dejan su presa hasta que se les echa agua hirviendo, termitas que destruyen las provisiones o las mercancías...

Después de más de cuatro meses y novecientos kilómetros de lenta y dolorosa marcha, la expedición llega a Kazeh (la actual Tabora, en Tanzania), ciudad en la que los mercaderes árabes han instalado un centro de comercio de esclavos y marfil. Allí los dos ingleses verán confirmada la existencia de dos inmensos lagos, de los que reciben una gran cantidad de información pese a estar aún a varios centenares de kilómetros de distancia. Tras un reposo de varias semanas, la caravana retoma el camino. Ocho días más tarde Burton se siente peor que nunca y se hace necesario llevarlo en una hamaca portátil: «Poseído por escalofríos, con el cuerpo paralizado, con los miembros atravesados por agujas ardientes y repeliendo su ayuda, con el tacto perdido, mientras el dolor me exasperaba, vi entreabrirse las sombrías puertas que conducen a lo desconocido» (Burton y Speke, 1996, 56). Los siguientes once meses ya no podrá caminar y los porteadores tendrán que llevarle de un lugar a otro. Además, los dos ingleses contraen una enfermedad ocular que afecta especialmente a Speke, prácticamente ciego durante varias semanas.

En febrero de 1858, después de innumerables deserciones y una serie infinita de tormentos físicos y morales, lo que queda de la caravana llega al lago Tanganica. Burton olvida su dolor y se maravilla ante la belleza del paisaje. Por primera vez unos europeos alcanzan esta orilla –los mercaderes árabes se les han adelantado en más de cuarenta años, situando allí una de las escalas de su siniestra ruta de comercio de esclavos–. La exploración del lago, en busca de un río que tendría su nacimiento en él (los dos hombres sueñan con que sea el Nilo), será muy desafortunada: hay mucha tensión entre Burton, todavía inmovilizado por su enfermedad, y

Speke, a quien se le ha encargado alquilar el barco de un traficante de esclavos y que tras un mes de ausencia vuelve con las manos vacías.

Burton consigue a precio de oro dos piraguas en pésimo estado y comienza una larga exploración del lago. Según Speke, su compañero «estaba todavía tan mal que nadie que lo hubiera visto intentar seguir adelante hubiera esperado volver a verlo con vida, pero él tampoco habría soportado que nos fuéramos sin él y lo dejáramos descansando» (Browdie, 1993, 277). Finalmente, los dos ingleses descubrirán con estupor que el río en cuestión no solo no tiene su fuente en el lago, sino que lo alimenta. En su exploración también dan con un inmenso pantano en el que desemboca el lago; Burton comprenderá veinte años después que eso eran las fuentes del río Congo.

La expedición vuelve pues a Kazeh. Todos los componentes de la caravana están enfermos en mayor o menor grado: fiebres, inflamaciones de los ojos, sordera, heridas diversas, agotamiento. El mismo Burton no puede moverse, e incapaz de estar inactivo trabaja en un glosario de las lenguas indígenas. Speke por su parte se aburre: no puede cazar animales, pues desconfían de los hombres, y odia el paisaje, que para él no es más que «un vasto y estúpido mapa en el que todo es uniforme». Decide entonces explorar otro lago, del que ha oído hablar a los mercaderes árabes. Tras veinticinco días de marcha agradable y ligera por monótonas planicies, Speke llega a orillas del inmenso lago Nyanza, que bautiza con el nombre de lago Victoria. Festeja el acontecimiento disparando sobre los pájaros que nadan en la superficie del lago o se pasean tranquilamente por sus orillas. Feliz, retorna a Kazeh, convencido de haber descubierto la fuente del Nilo. Pero Burton no se lo acaba de creer: «Me burlé de tales cuestiones −escribe Speke−, pero le expresé mi gran pesar por el hecho de que no me hubiese acompañado, ya que en mi fuero interno estaba convencido de haber descubierto la fuente del Nilo. A esta afirmación mía opuso naturalmente diversas objeciones, incluso tras oír todas las razones que me llevaban a afirmar tal cosa, y por tanto dejamos de hablar del asunto» (Rice, 2009, 361). Burton, por su parte, está convencido de que el Nilo se alimenta de varias reservas de agua. Speke querría volver a explorar el lago, pero Burton está demasiado enfermo y se opone: los víveres apenas servirán para llegar a Zanzíbar, el permiso que el ejército les ha concedido va a terminar y la época de las lluvias está a punto de empezar.

Los cuatro meses que tardan en regresar serán terribles para los dos hombres, ambos muy enfermos. Su estado de salud obligará a Burton a quedarse en Zanzíbar, lo que permitirá que cuando Speke llegue a Inglaterra, pueda apropiarse de todas las hazañas de la expedición y en particular reclamar el haber descubierto las fuentes del Nilo, minimizando la parte de Burton en todo el relato. Además, prepara una nueva expedición sin informar a su antiguo compañero. Una acalorada polémica enfrenta a los dos antiguos compañeros, en la que tercia un viejo rival de Burton que aprovecha para vengarse: «Burton no es digno de Speke, y no ha hecho nada en comparación con él, pese a que se atribuye la gloria con grandes toques de trompeta. Speke trabaja mientras que Burton permanece tumbado todo el día, abusando de los recursos y la competencia de los demás» (Gournay, 1991, 75). Burton replica: «Durante toda la expedición fue mi subordinado, como no podía ser de otra forma, pues ignoraba la lengua árabe, el beluchi y los dialectos africanos. ¿Acaso puedo sentir otra cosa que indignación cuando, después de asegurarme que esperaría a mi retorno para presentarse en la Sociedad Geográfica, supe que se arrogó la propiedad de un descubrimiento que era mío?» (Gournay, 1991, 78). La Sociedad Geográfica propuso ejercer el arbitraje, pero Speke moriría pocas horas antes de defender ante el jurado su visión de los hechos: un accidente de caza o más probablemente un suicidio. Las expediciones posteriores de Stanley y Livingstone primero, y de Stanley a solas después, confirmaron la creencia de Speke: el lago Victoria es en efecto la fuente del Nilo Blanco, el Tanganica la del Congo. Los dos hombres habían descubierto las fuentes de los dos grandes ríos africanos en la misma marcha trágica y heroica.

Este tipo de caminatas de exploración se llevan a cabo sobre el filo de la navaja, poniendo en peligro la vida de los hombres constantemente, poniéndolos a prueba tanto física como moralmente, y exigiendo de ellos una paciencia infinita. Cuando es posible la marcha se hace con mulas o camellos, es decir, no son largas caminatas por elección, sino por la imposibilidad de utilizar otro medio de transporte para alcanzar el objetivo. Por esa razón, los hombres se enfrentan en ellas con la infinita impaciencia de llegar allí, de acabar de una vez con el calvario que supone casi siempre una de esas caminatas. Únicamente cuenta el término, el final del trayecto, y en el tránsito solo queda encomendarse al cuerpo, a falta de algo mejor. Cada pausa, cada alto, cada disminución de la velocidad, es vista como un obstáculo, una pérdida de tiempo que agota los recursos y mina la moral. Solo importa el fin del viaje, no los medios para llegar hasta allí.

La ruta de Esmara

Michel Vieuchange sueña con penetrar en la región situada entre el sur de Marruecos y Mauritania, sometida por aquel entonces al pillaje constante de los saqueadores del desierto. Desde Camille Doubs, asesinado por sus propios guías, ningún viajero se ha aventurado en esta zona del Sáhara donde la presencia europea es nula. Hasta las caravanas que unen el este del Atlas con Tombuctú evitan tan peligrosa región, tierra de escaramuzas y robos. En septiembre de 1929, él y su hermano deciden intentar ser los primeros europeos que entren en Esmara, una ciudad mítica, abandonada, situada en el corazón del desierto y del peligro. Michel Vieuchange partirá en una caravana, pero disfrazado de mujer bereber para escapar de una muerte segura si su identidad se revela. Experimentará, como Caillié, el infinito suplicio del cansancio, la enfermedad, las fiebres, la sucesión brutal de calor y frío, y sobre todo el desprecio, la traición y la humillación. Mientras, su hermano Jean velará de lejos por su destino de caminante. Los guías conocen su secreto, bien pagados por los dos hermanos para que lo guarden. Y durante dos meses y más de mil cuatrocientos kilómetros a pie, a veces en camello, entre tribus hostiles, Vieuchange recorrerá la travesía del sufrimiento. Desde las primeras horas de su periplo se queja de los pies hinchados, de las heridas, pero, según el diario que esconde entre la ropa y que será publicado tras su muerte, insiste en su voluntad de soportar todas y cada una de las durísimas pruebas a las que le someterá el viaje hasta Esmara. El dolor es el sacrificio al que deberá someterse voluntariamente a cambio del éxito de la expedición.

En poco tiempo Vieuchange tiene las plantas de los pies en carne viva y no puede caminar sin sentir un dolor intenso a cada paso. Los días de calor sofocante se alternan con noches gélidas, y los dedos de manos y pies responden con una inflamación lacerante. A diferencia de los árabes que le acompañan, su cuerpo no está acostumbrado a estos esfuerzos extremos mantenidos hora tras hora, día tras día; no está hecho para la absoluta crudeza del paisaje por el que camina. Su diario no oculta este largo sufrimiento, ni el miedo que reina en la caravana, temerosa de un posible ataque y obligada a tomar infinitas precauciones. A veces, con tal de evitar un hipotético enfrentamiento, es preferible tomar un rodeo o atravesar un barranco casi en la oscuridad de la noche, con el miedo a caer al vacío. Vieuchange ya no entiende cómo consigue caminar con los pies en carne viva, pues no puede soportar el menor contacto. Pero sigue adelante pese a todo, enfermo de dolor.

Un día, ya al atardecer, la caravana se topa con un hombre en el camino. Tiene una pierna rota y una bala en el vientre –lleva allí agonizando más de diez días–. La ruta se hace cada vez más difícil: tienen que hacer etapas de cuarenta o cincuenta kilómetros a pie, pues han perdido los camellos en una refriega, y casi sin agua bajo un sol de plomo. Pero Vieuchange dice ser capaz de caminar en estas condiciones diez días seguidos si hace falta, pues siente que Esmara está cerca. Le resulta imposible conciliar el sueño debido al agotamiento, y a menudo los gusanos se pasean sobre su piel. Las negociaciones con los guías para que continúen el viaje se hacen frecuentes; abusan tanto de su poder, que Vieuchange está dominado por el terror, no tanto de morir (un miedo que en realidad casi nunca aparece en su diario) sino de no llegar a Esmara después de tanto sufrimiento.

Le roban los prismáticos, el zurrón, se le chantajea permanentemente, se tiene que pelear sin cesar para que la ruta y el destino del viaje no se cambie a sus espaldas. Es impresionante ver la tenacidad de Vieuchange, como la de Caillié; su fuerza de convicción ante los múltiples obstáculos del camino: sus propios compañeros de caravana, los incesantes ataques de bandoleros, el desierto o la debilidad de su propio cuerpo. «Lo peor no puede durar» (Vieuchange, 1993, 124), escribe en su ignorancia de las durísimas pruebas que todavía le esperan en el camino. Y sin embargo, en medio de todos estos infortunios, Vieuchange tiene momentos de felicidad absoluta cuando piensa en Esmara: «Sentirme por fin allí, dentro de la ciudad, en su corazón mismo, qué felicidad, qué fuerza me da. La cabeza me estalla de alegría, a pesar del sufrimiento, del entumecimiento, del sol, de la sed» (136). A veces, para ocultarse de las tribus de la región, duerme en el serón, y al despertar le queda el cuerpo entumecido durante horas, preso de náuseas y mareos. El agotamiento físico y moral termina por socavar su voluntad y por primera vez el nombre de Esmara «me sabe a una cosa árida. Yo mismo me estoy resecando todo entero, por así decir; mi cabeza se concentra alrededor de la única voluntad que siento en mi interior, un núcleo duro, irrevocable: acabar, alcanzar mi objetivo» (152).

El día siguiente al de Todos los Santos de 1930, Vieuchange llega a Esmara, la ciudad abandonada a la arena del desierto. Mientras lo hace, piensa en Caillié entrando en Tombuctú, pero en su diario no refleja la exaltación que le ha llevado hasta allí: «Esmara es una ciudad muerta con un pequeño número de casas –casi todas son edificios públicos: una mezquita, dos kasbas–. El oasis está destruido en más de la mitad –la mitad o, digamos, las tres cuartas partes» (229)–. Y sin embargo, más tarde, al volver sobre lo que ha sentido, recuerda entrar en esa mezquita extremadamente deteriorada «que una vez fue santa y llena de fieles, y que yo ahora pisaba como simple hombre que quiere ver, y sentí un brusco calor en mi pecho, un movimiento de mi corazón» (205).

No se quedará más que tres horas en la ciudad muerta, apremiado por sus compañeros de caravana para salir de ahí. Después, vuelta a su encierro en el serón y a los malos tratos. Allí, sueña con el retorno a casa: «Además de sumirme en esta profunda y admirable felicidad, proveniente de la renovación de nuestras vidas, o más bien de haberlas encaminado intrépidamente por una ruta maravillosa –pese a todas las dificultades–, me imaginaba el placer de mi primer baño caliente, que iba a darme nada más llegar. No tener ya piojos, frío o calor; dormir en una cama; comer; recuperar todo eso después de dos meses muy duros, me hacía sentir que había cumplido con mi propósito» (219). Poco después tiene un sueño sorprendente y premonitorio: todavía está buscando Esmara; un viajero le precede en el camino, alguien a quien reconoce instantáneamente. Es René Caillié. Ambos están muy contentos de haberse encontrado. Juntos entran en la ciudad. Pero se ha convertido en una especie de cantera cubierta de telarañas. Vieuchange está explorando una excavación cuando súbitamente oye a alguien recitar en voz alta los poemas más oscuros de Rimbaud. Es Caillié, que se ha convertido en Rimbaud. Los dos caminantes solitarios y legendarios que han precedido fraternalmente a Vieuchange en la muerte. Pocas horas después de reencontrarse con su hermano Jean, Michel Vieuchange muere de disentería.

Caminar urbano

Importa poco no saber orientarse en una ciudad. Perderse, en cambio, en una ciudad como quien se pierde en el bosque, requiere aprendizaje. Los rótulos de las calles deben entonces hablar al que va errando como el crujir de las ramas secas, y las callejuelas de los barrios céntricos reflejarle las horas del día tan claramente como las hondonadas del monte.

WALTER BENJAMIN,
Infancia en Berlín hacia 1900

El cuerpo de la ciudad

La relación del hombre que camina con su ciudad, con sus calles, con sus barrios, ya le sean estos conocidos o los descubra al hilo de sus pasos, es primeramente una relación afectiva y una experiencia corporal. Un fondo sonoro y visual acompaña su deambular; su piel registra las fluctuaciones de la temperatura y reacciona al contacto de los objetos o del espacio; su cuerpo atraviesa capas de olores infectos o placenteros. Esta trama sensorial le aporta al paseo por las calles una tonalidad agradable o desagradable según las circunstancias. La experiencia del caminar urbano despierta el cuerpo en su totalidad, es una puesta en escena del sentido y de los sentidos. La ciudad no está fuera del hombre, sino en él, impregnando su mirada, su oído y todos los demás sentidos. El hombre se la apropia y actúa según los significados que le da a la ciudad: «Hace años que sueño con escribir una "Guía de París" para personas relajadas –escribe Léon-Paul Fargue–, es decir, para paseantes que tienen tiempo para perder y que aman París. Y hace años que me prometo a mí mismo que comenzaré este viaje por una exploración de mi propio barrio, el que va de la estación del Norte y la estación del Este hasta el bulevar de la Chapelle, y no solamente porque no lo abandono desde hace treinta y cinco años, sino porque tiene una fisonomía particular, y gana cuando se lo conoce bien» (Fargue, 1993, 17). Cada habitante de la ciudad tiene sus espacios, sus recorridos predilectos, forjados al hilo de sus actividades, que coge de manera unívoca o que varía según su humor, el tiempo que haga, sus ganas de darse prisa o de vagabundear, las compras que tenga que hacer por el camino, etc. Alrededor de cada urbanita se dibuja una miríada de caminos vinculados a su experiencia cotidiana de la ciudad: el barrio donde trabaja, el de sus quehaceres administrativos, el de las bibliotecas que frecuenta, donde viven sus amigos, los que conoció en su infancia o en diferentes periodos de su vida. Tiene también zonas de sombra, los lugares a los que nunca va porque no se asocian con ninguna actividad ni con ningún estímulo, a no ser que pase por ellos en coche alguna vez pero sin la curiosidad suficiente para detenerse, o los lugares que, por lo que sea, le dan miedo.

«Cualquiera puede estar seguro de encontrarme en París, de que no pueden pasar más de tres días sin verme ir y venir, hacia el atardecer, por el bulevar Bonne-Nouvelle, entre la imprenta de *Le Matin* y el bulevar de Estrasburgo. Ignoro por qué, en efecto, me conducen mis pasos allí, y voy casi siempre sin una razón precisa, sin nada que me decida a hacerlo más que esa oscura seguridad de que *lo que tenga que pasar* (?) ocurrirá allí» (Breton, 2004, 67-68). Para los que ya la conocen un poco o están familiarizados con sus calles, toda ciudad tiene sus polos magnéticos hacia los que el caminante se dirige desde sus primeros pasos, incluso tras una larga ausencia: los libreros del bulevar Lemonnier en Bruselas, el río Loira en Tours, el Barrio Latino de París, la orilla del río Ill o la catedral en Estrasburgo, un café en Nápoles o en Roma, una plaza en Lisboa, un bulevar, una calle, una tienda, un banco, una casa... La atracción está vinculada a una historia personal, a una infancia, al recuerdo de un momento de paz en la terraza de un café y cuya presencia milagrosa intentaremos renovar cuando volvamos allí, el ambiente de una calle, de un barrio, un nombre que nos emociona, un rostro entrevisto en el pasado, un museo... Quien ya está familiarizado con esa ciudad es a veces el primer sorprendido por las elecciones de su interlocutor, quizá incluso le hagan sonreír o preguntarse por la naturaleza de sus gustos. Pero cada uno barre para su casa. Toda ciudad es subjetiva.

Otra manera de descubrirse a sí mismo recorriendo una ciudad consiste en dejarse ir a la deriva por las calles, imitando a los surrealistas. Los situacionistas de los años sesenta retomaron la teoría y la práctica, describiendo la deriva como una «técnica de pasar apresuradamente a través de ambientes diversos». Aunque la mayoría de las veces el habitante de la ciudad sale de su casa y recorre una ruta determinada por una razón concreta, a veces también le ocurre que no mide sus pasos y deja que sea su propio capricho el que le guíe (Augoyard, 1979; Giard y Mayol, 1980). El viajero, por su parte, intenta descubrir la ciudad inventando su camino personal, si bien de vez en cuando deambula con un plano para identificar los lugares a los que a lo mejor volverá expresamente en otra ocasión. Esa es la forma de caminar del *flâneur*, el paseante ocioso, que vagabundea, que callejea, de la persona para quien la ciudad no tiene más límite que su atracción por el magnetismo del lugar. Es un momento en el que abandona sus costumbres de cada día, en el que renuncia a sus rutas habituales, las sobrepasa, las olvida, las transgrede.

El *flâneur* camina por la ciudad como lo haría por un bosque: dispuesto al descubrimiento. «Va a hacer botánica al asfalto» (Benjamin, 1972, 50), al acecho de los rostros o los lugares, en busca de curiosidades personales. Es lo contrario del sabroso personaje de Henri Calet que camina con los ojos fijos en la acera, persiguiendo las monedas perdidas por los peatones, y que es el único que parece encontrarlas pues sus imitadores pronto se cansan de estar así y levantan al fin la cabeza para contemplar el espectáculo de las calles. El *flâneur* camina siguiendo su propia partitura, sus atracciones afectivas guiadas por la inspiración del momento, la atmósfera intuida de un lugar, siempre con la posibilidad de dar media vuelta o cambiar repentinamente de calle si esta no está a la altura de lo que esperaba de ella. Permanece en contacto con el genio del lugar, que se gana su favor si al atravesar una geografía que desconocía esta le cambia positivamente la tonalidad de su ser, aunque a veces se enfada con otros que rigen un paisaje urbano particularmente desagradable. El camino seguido no mide lo mismo, ni contiene el mismo paisaje, si cambia el clima afectivo en el que se lo recorre. El grado de cansancio, de prisa, de disponibilidad, lo hacen más o menos propicio: la atmósfera del momento es la que filtra su objetividad. Es una apropiación corporal, no una fisiología pura. Es decir, se trata de una psicología o, más bien, de una geografía afectiva. El caminar urbano es sin lugar a dudas también un pliegue del cuerpo: yo camino hoy interminablemente por las calles de Calcuta o de Bombay bajo un sol de justicia con la camiseta empapada en sudor, como lo hice en el pasado por las calles de Río de Janeiro, de Lisboa o de Roma, pues el cansancio no es tanto el del cuerpo, insaciable de todas formas, sino el de la curiosidad. No concibo otra exploración de la ciudad que no sea a través del cuerpo, y al azar de las calles y el capricho personal.

Este callejear es la definición del caminar por la ciudad. «El bulevar es la vivienda del *flâneur*, que está como en su casa entre fachadas, igual que el burgués entre sus cuatro paredes. Las placas deslumbrantes y esmaltadas de los comercios son para él un adorno de pared tan bueno y mejor que para el burgués una pintura al óleo en el salón. Los muros son el pupitre en el que apoya su cuadernillo de notas. Sus bibliotecas son los quioscos de periódicos, y las terrazas de los cafés balcones desde los que, hecho su trabajo, contempla su negocio» (Benjamin, 1972, 51). El bosque de rostros de los transeúntes se ofrece a la sagacidad del *flâneur* que quiera comprender y disfrutar de su buena suerte (Le Breton, 1992), sabiendo que lo mejor y lo peor se aparecen de manera oblicua, compartiendo incesantemente un mismo espacio. A este respecto, Walter Benjamin nos recuerda que la novela policiaca nace en la ciudad. «El observador –dice Baudelaire– es un *príncipe* que disfruta en todas partes de su *incógnito*» (Baudelaire, 2008, 87). El *flâneur* es un sociólogo diletante, pero también es en potencia un novelista, un periodista, un político, un cazador de anécdotas. La mente siempre alerta e indolente, el gusto y la elegancia de sus observaciones se pierden a menudo en el olvido nada más ser pensadas, a menos que un alto en un café le lleve a tomar unas notas y profesionalizar así su mirada, o que una oreja cómplice se preste a escuchar sus comentarios.

La ciudad existe únicamente por el paso de sus habitantes o de sus viajeros, que la inventan y la vivifican con su caminar, sus encuentros, sus visitas a tiendas, a lugares de culto, a edificios administrativos, a vestíbulos de estación, a salas de espectáculos, cafés, lugares de ocio, etc. Los transeúntes son el signo de la vitalidad o del adormecimiento, del placer o del aburrimiento que suscita la urbe. El paso del tiempo marca la cadencia de los momentos privados alternándose con los de actividades públicas. El alba arroja a las calles a transeúntes más o menos numerosos, todavía adormecidos, andando a paso ligero por haber querido aprovechar demasiado el tiempo de sueño. La prisa se impone para evitar llegar tarde al trabajo y no deja mucho tiempo al paseo de la mirada. Las calles están vacías, a excepción de un noctámbulo tardío o de algún madrugador. Poco después, los colegiales y los estudiantes se suman a las filas de los trabajadores que tienen un horario menos madrugador. En ese momento las calles ya están bastante animadas, con las tiendas abriendo las puertas y la circulación haciéndose cada vez más densa. Más tarde vienen los paseantes, los que tienen tiempo por delante o que van a hacer la compra. El flujo de peatones se acentúa alrededor del mediodía antes de volver a calmarse. En verano, las terrazas de los cafés y los bares están tomadas por una multitud tan atenta al contenido de sus platos o vasos como a la gente que pasa por allí. Hacia la noche, las calles empiezan a vaciarse, y al final acaban reteniendo únicamente a fiesteros, noctámbulos, a gente que sale de casa de sus amigos o del restaurante y se apresura a volver a casa, o a aquellos que retrasan un poco el momento de regresar a la suya. La noche borra las fronteras, liberando el significado familiar de las cosas y provocando la atracción de la aventura o la angustia de lo desconocido. Todo tipo de amenazas parece acechar en cada rincón. Finalmente, el silencio relativo que reina en las calles y la escasez de automóviles son otros motivos de rareza.

En un diálogo de Platón, Sócrates y su discípulo Fedro caminan juntos hacia las puertas de Atenas. Sócrates declara su admiración ante la belleza del paisaje, por lo que Fedro se extraña: «¡Asombroso, Sócrates! Me pareces un hombre rarísimo, pues tal como hablas, semejas efectivamente a un forastero que se deja llevar, y no a uno de aquí. Creo yo que, por lo que se ve, raras veces vas más allá de los límites de la ciudad; ni siquiera traspasas sus murallas». Sócrates le da la razón, pero se justifica: «No me lo tomes a mal, buen amigo. Me gusta aprender. Y el caso es que los campos y los árboles no quieren enseñarme nada; pero sí, en cambio, los hombres de la ciudad» (Platón, *Fedro*, 230b, trad. de Emilio Lledó). Sócrates no es el hombre de la contemplación del mundo, sino de la animada conversación en el centro de la ciudad. El caminar urbano está sembrado de espectáculos e incesantemente despierta nuestra curiosidad. Un sinfín de acontecimientos minúsculos se producen sin descanso: algunos transeúntes suscitan placer o molestia al cruzarlos, se prestan a la ensoñación o a la tristeza, la mirada no se cansa de contemplar su infinita diversidad; tenemos también la vista de las calles, de las fachadas de las casas, de las ventanas, de las plazas, los monumentos, los cementerios, las iglesias, catedrales, mezquitas, tenderetes, etc.

Todo caminar es estacional y nos enfrenta al ciclo de los olores, de la luz, de los árboles, de las flores, del estiaje de los ríos y a la temperatura ambiente que cambia la tonalidad de la relación con el mundo. Del mismo modo, los desórdenes o automatismos meteorológicos proporcionan la experiencia de la nieve, el hielo, el granizo, la lluvia, la hojarasca o el fango, provocando una relación nueva del cuerpo con la ciudad, una emergencia de situaciones inéditas, o la aparición en la memoria íntima de otros momentos pasados –en ese mismo paisaje o en otro distinto–. Modificaciones de la duración del día según la época del año: de las escasas horas en invierno que hacen que las actividades corrientes se prolonguen hasta la noche, hasta las largas jornadas de verano en las que la clemencia del tiempo incita a retrasar el momento de volver a casa, visitando quizá una de las terrazas que se multiplican en la ciudad.

Evidentemente, «la ciudad nos hace olvidar que la Tierra es redonda», como nos dice Pierre Sansot (1996, 42), y nos aleja de la tierra, las colinas, los bosque, los campos. Sintetizando lo que dice el filósofo Alain en sus escritos, en el pueblo los hombres se adaptan al sol, al viento, a las fuentes y al relieve, es decir, construyen un puñado de casas en una relación intensa y sensitiva con su medio, mientras que en la ciudad recubren el mundo para sustituirlo por cristal, asfalto y cemento. El flujo de las estaciones se transforma entonces en signos inscritos en el paisaje urbano; únicamente algunos puestos del mercado siguen respondiendo a ese devenir (si bien cada vez menos, pues las técnicas de preservación permiten comer insípidos melocotones o fresones en invierno), así como la atmósfera general de la ciudad, la ropa de los transeúntes, algunos olores, el follaje de los árboles –en suma, poco más que un puñado de indicios apenas entrevistos–. De hecho, la ciudad no necesita las estaciones: le proporciona al transeúnte sus propias cronologías, que son de un orden distinto al natural –celebra su urbanidad, no su ruralidad–. Luces y guirnaldas de Navidad, fuegos artificiales de Año Nuevo, aparición de las terrazas en las calles, cuidados escaparates, cambio de las imágenes publicitarias según los productos del momento, etc. Una celebración de la mercancía y de la vida en común, y no de las metamorfosis de la naturaleza. Los amantes de las ciudades lamentan la desaparición progresiva de las particularidades que todavía hace veinte años singularizaban a simple vista una ciudad entre las demás. En todas partes las mismas tiendas y prácticamente los mismos vendedores, los mismos restaurantes, los mismos cines, la misma supresión del espacio por los imperativos de la circulación motorizada. Pierre Sansot se queja con razón de la uniformización de las ciudades y de los paisajes: «Al llegar a Brest, pensaba que me encontraría con una ciudad oceánica, o por lo menos marina; pero me encontré paseando entre restaurantes de cuscús, cervecerías alsacianas, *fast foods* y creperías que para colmo de males ni siquiera eran bretonas. Tuve pues razones para maravillarme de que algunas cosas se mantengan en su lugar durante mucho tiempo, casi iguales a la imagen que las representaba» (Sansot, 1996, 53).

Aunque el caminar urbano es estacional, también depende de la atracción ejercida por cada calle, de la invitación que lanza a los transeúntes, o del rechazo que le pueda inspirar al *flâneur*. En algunos barrios absolutamente rendidos a lo funcional, espacios de concentración indiferentes a la particularidad del hombre, el estar en casa se privilegia sobre todo lo demás; ningún turista o viajero de paso que se pregunte por las curiosidades escondidas de la ciudad se interesará por ellos. Allí se respira pesantez, la ciudad es gris, se recorre como una penitencia. Lo mismo ocurre en esas largas avenidas residenciales o vacías de viviendas, atravesadas incansablemente por automóviles, y que son trampas para los caminantes que descubren demasiado tarde su error y se ven obligados a dar media vuelta, desandar lo andado, y sufrir por segunda vez el mismo fastidio. Lejos de ahí queda el alegre bullicio de las tiendas, los puestos callejeros, los tiovivos, los cafés, los monumentos dispersos o reunidos en un solo espacio. Pero la fiesta de la mercancía es banal, y tiende a ser idéntica en todas las ciudades del mundo.

La curva de un río, como el Loira en Tours o el Ganges en Benarés, las orillas de un lago como en Lausana o en Udaipur, en la India, Pokhara, en Nepal, o en la ciudad de Kandy en Sri Lanka, el asombro que provoca el mar en Marsella o en Salvador de Bahía, los *morros* de Río o las montañas de Grenoble o de Katmandú, todos ellos ofrecen al habitante de la ciudad una eterna línea de fuga, son los polos magnéticos de la villa. Son ese lugar a donde no cesan de llevar los pasos del caminante. El agua que corre entre las casas y les impone a las calles su configuración es una incisión por la que fluye lo sagrado, un *mysterium fascinans* que imanta la ruta y domina el espacio que la rodea. Las personas se dan cita frente al agua o ciertos relieves naturales singulares, frente a monumentos o en jardines públicos, tanto o más que en los cafés o en el vestíbulo de las estaciones. Es hacia esos lugares a donde la memoria vuelve, como si la ciudad no fuera más que su prolongación, un simple estuche o joyero que los protege. O, como dice Thoreau en su diario: «Un río en una ciudad es como una isla que un buen día decide viajar por el mundo. Rápida corriente, ala ligeramente temblorosa, las ciudades con río son ciudades aladas» (Thoreau, *Diarios*, 2 de julio de 1858).

Caminar en las ciudades asiáticas (pienso sobre todo en la India) nos enfrenta a un formidable desorden, con aceras a menudo inexistentes o tomadas por una masa de vehículos y de vendedores callejeros. Además de las motos, las bicicletas, los coches, los carros tirados por búfalos, caballos o camellos, camiones, autobuses, *rickshaws*, en las calles podemos encontrar también vacas, cabras, perros, gallinas, etc. Y por supuesto, la corte de los milagros del gentío en las calles. Todo ello conforma un extraordinario *collage* en el que casi siempre tiene prioridad el animal, especialmente las vacas, que imponen respeto incluso en las grandes avenidas donde les gusta tumbarse a veces. Para un occidental, el espectáculo está por todas partes. También se estimula el sentido del olfato, pero de manera contradictoria, según el lugar: olor a pimienta, a fruta, a un sinfín de flores, pero también de tubos de escape, de neumático quemado, de los numerosos vertederos de basura. Algunas calles de Colombo, de Madrás, de Bombay, de Katmandú, etc., llegan a ser tan irrespirables que sus habitantes caminan con pañuelos o máscaras en la boca, huyendo de una polución que el calor hace, aún si cabe, más insoportable. Por otro lado, están también los olores de los lugares más tranquilos: la omnipresente fragancia del incienso, sobre todo cerca de los altares callejeros o de los templos urbanos, los distintos aromas provenientes de las cocinas...

El oído lo pasa peor, con esos gritos y estridentes sonidos generados por el tráfico, los conductores tocando el claxon y haciendo el máximo de ruido posible en calles atestadas de gente, muchas de ellas sin aceras. A cada momento una moto, un coche, un *rickshaw* o un autobús pega un bocinazo para señalar su presencia imperativamente, con la obligación para el peatón de apartarse del camino si no quiere ser atropellado. Pero esquivar es una de las técnicas del cuerpo que los habitantes de la India poseen. En Nepal o en Sri Lanka la agresividad es netamente inferior. Los altavoces están por todas partes, vertiendo un raudal de música sobre la acera. Entrar en un templo o en un jardín, o encontrarse sin querer en un barrio tranquilo donde los vehículos no pueden acceder debido al mal estado de la calzada, proporciona una maravillosa sensación de silencio y serenidad. Finalmente, la piel también está sometida a una dura prueba de resistencia debido al calor sofocante que suele ser habitual en estos sitios. Ver a los niños bañándose en cualquier fuente de agua (incluso las cercanas a los vertederos, desgraciadamente) se convierte en un suplicio. En Katmandú no hay ni un solo estanque, ni un puente, ni un riachuelo que no tenga niños chapoteando en él, ni siquiera se salvan los *ghats* funerarios donde se creman continuamente los cuerpos de los hindúes. El occidental, empapado de sudor, solo puede soñar en la ducha que se dará en su hotel.

Ritmos del caminar

La acera es una especie de cajón de sastre que acoge todos los ritmos de la deambulación, ya sea el paso lento del anciano o la loca carrera de los niños, el caminar apresurado de los que van al trabajo o la indolencia del turista que al hilo de su curiosidad se va parando por el camino, y a veces el del *flâneur* haciendo acopio de su provisión cotidiana de impresiones. Estos ritmos múltiples y contradictorios chocan a veces entre sí en las aceras más estrechas, en los pasillos o las galerías comerciales; un imperativo categórico de desplazamiento guía a la mayoría de los transeúntes: no están allí para explorar la ciudad pensando en las musarañas, sino que tienen compromisos, citas, un tren que no pueden perder, prisa por volver a casa o no llegar tarde a la oficina. Una especie de velocidad estándar se impone al caminar por ciertos sitios, y las personas mayores, discapacitadas, o que simplemente están buscando su camino, se retrasan y se exponen a ser empujadas o a oír palabras poco complacientes (Lincoln Ryave y Schenkein, 1974). La ciudad se transforma en trayectos que hay que recorrer con la preocupación de no perder tiempo. La funcionalidad es lo primero. Un joven inmigrante recién llegado de Senegal expresa así su primer encuentro con el metro: «"¡Eh! ¡Cuidado, por aquí andan como locos!". Entonces mi amigo me lo explicó: "Es como andan aquí. Aquí todo el mundo va como loco". Era tarde, sobre las cinco. Era la hora a la que todo el mundo vuelve del trabajo. Dije: "Pero hay gente que me empuja, alguno hasta me pega". Mi amigo me respondió que todos se empujaban porque todos tenían prisa. Y pregunté: "¿Pero qué es esto? ¿Es la guerra?". Y mi amigo respondió: "No, no es la guerra, es que todo el mundo tiene prisa por volver a casa"» (Dia, 1982, 118-119). Para el hombre impaciente, su propio cuerpo es un obstáculo en el camino, igual que los cuerpos desesperantemente lentos que se ponen delante de él. A pesar de sus recodos, la acera es para él una línea recta que hay que recorrer deprisa. Simmel habla acertadamente de «la *intensificación del estímulo nervioso*» que caracteriza la ciudad con su permanente sucesión de estímulos y su ritmo sin descanso. Así como el hombre con prisa mata la calle para hacer de ella un único espacio de desplazamiento funcional, los niños también la desarticulan pero para reinventarla como espacio lúdico de libertad entre las dos instancias represoras que son la familia y la escuela. «Si son muy jóvenes se comportan como en el patio del recreo, es decir, como en un espacio que no es lineal. Van y vienen. Los empujones de los adultos se integran también en el juego. No son conscientes de estar yendo de un punto a otro por el camino más corto, sino de ese arroyo a esa alcantarilla, de la casilla de descanso al tejo» (Sansot, 1996, 139). Los niños son siempre unos *flâneurs* imprevisibles.

Caminar por la ciudad es una experiencia de tensión y de vigilancia. La cercanía de los automóviles es un peligro permanente, aunque su conducta esté supuestamente regida por el código de la circulación. Hay que desconfiar de la posible distracción propia, que lleva a cruzar una calle sin mirar o a atajarla imprudentemente por entre los coches. Algunas ciudades ignoran de hecho que existe una cosa llamada acera, e imponen que el peatón camine junto a los coches, o muy cerca de ellos. En Francia, por ejemplo, ya han perdido su vocación de proteger al caminante, de darle un abrigo que le proteja de los automóviles. Su superficie ha disminuido con el tiempo, cesando de ser una zona neutra entre las casas y el asfalto, el cual se apropia cada vez de más espacio. Hubo una época en que la acera rodeaba con autoridad escaparates y casas, pero la creciente circulación y la saturación del espacio han llevado a los coches a invadirla, a aparcar en ella, a tomar posesión de las plazas. Hoy en día son incómodas y algunas absolutamente impracticables, forzándonos a caminar por el asfalto o a practicar el contorsionismo para poder pasar. En el campo y en la ciudad, el automóvil es el enemigo incondicional del caminante. «La acera –escribe Jean Cayrol– ha dejado de ser esa orilla que nuestro zapato recorría» (Cayrol, 1968, 102). En Francia a los vecinos de calle todavía se les llama «ribereños», pero no es más que un anacronismo doloroso. Ya no se puede como antaño poner una silla en la acera y ver pasar la vida y la gente. No hay sitio. A veces los bancos dan directamente al tráfico, lo cual no invita precisamente a sentarse en ellos, a no ser que se esté muy cansado. Ese tipo de ciudad carece de cuerpo, o más bien hace del cuerpo algo fastidioso, molesto, de lo que se podría perfectamente prescindir.

Oír

Ya no caminamos entre los innumerables gritos representativos de cada oficio que en el pasado ocupaban el espacio sonoro de la ciudad según la hora del día, tal y como cuentan Proust en *La prisionera* o Jules Romains en *Los hombres de buena voluntad*. Los gritos se han perdido, y han sido reemplazados por el estruendo de los automóviles y los altavoces de las tiendas. La persona que camina en la ciudad se baña en una sonoridad que a menudo se vive como algo extremadamente desagradable. El ruido es un sonido de valor negativo, una agresión contra el silencio o simplemente contra toda pretensión de moderar el estruendo. Provoca un agudo malestar en la persona, que lo sufre como afrenta a su libertad y se siente agredida por manifestaciones que no controla y se le imponen desde fuera, impidiéndole disfrutar de su propio espacio. Es una pesada interferencia entre uno mismo y el mundo que le rodea, una distorsión de la comunicación en la que los significados se pierden, reemplazados por una información parasitaria que suscita malestar o irritación. El sentimiento del ruido aparece cuando el sonido ambiente pierde su dimensión de sentido y se impone como agresión, dejando al individuo sin defensa. La ciudad es sinónimo de ruidos (Le Breton, 1997).

La extensión de la técnica ha ido de la mano de la penetración intensa del ruido en la vida cotidiana, y de una creciente impotencia para controlar sus excesos. Es una consecuencia inesperada del progreso técnico, el lado oculto del confort, pues aunque en sí no es un problema nuevo, solo cobra importancia a partir de los años cincuenta y sesenta del pasado siglo. En la ciudad los ruidos se suceden, acompañando constantemente al caminante urbano: motos, coches, camiones, autobuses, tranvías, obras, sirenas de ambulancia o de policía, alarmas que saltan sin motivo, puestos comerciales en plena calle y con música o comentarios que a través de los altavoces se imponen sin concesión a clientes y transeúntes, viviendas con las ventanas abiertas que dejan escapar una música a todo volumen, melodías de teléfono móvil, trabajos de reparación, de mantenimiento, de construcción de un edificio, demolición de inmuebles antiguos, etc.

Las ciudades son ruidosas y las casas resisten mal las infiltraciones sonoras de la calle o incluso de la vivienda del vecino. «La riqueza se mide hoy por la cantidad de fuentes de ruido, por la variedad de ruidos de la que dispone un individuo» (Brosse, 1965, 296). A la profusión de ruido proveniente de la ciudad, permanentemente atravesada por automóviles, nuestras sociedades contemporáneas añaden nuevos generadores de ruido en forma de música ambiental en las tiendas, los cafés, los restaurantes, los aeropuertos, etc., como si hubiera que ahogar el silencio de estos lugares donde se intercambian las palabras, sepultarlo bajo una capa permanente de sonidos que nadie escucha, que a veces incluso llegan a hacer el lugar incómodo, pero cuya función sería la de proporcionar una sensación de seguridad. Es por lo tanto un antídoto contra el miedo impreciso de no tener nada que decir, una inyección acústica de seguridad cuya ruptura repentina suscita una incomodidad todavía mayor. La música ambiente se ha convertido en un arma eficaz contra una cierta fobia al silencio, y una forma agresiva de captar la atención de los transeúntes por parte de los comercios (Le Breton, 1997).

Para el habitante de la ciudad acostumbrado al permanente rumor urbano, un momento de silencio no tiene el mismo significado que para la persona de campo. Una simple atenuación del ruido del tráfico o de los trabajos de una obra próxima le basta para sentir que el silencio reina en ese momento, cuando el campesino sigue oyendo un ruido infernal. Pero el urbanita no está cómodo en los espacios bañados de silencio: sale huyendo o se apresura a añadirles sonidos que le hagan sentir seguro, hablando en voz muy alta, dejando la radio del coche encendida, encendiendo el reproductor de música o llamando por el móvil a alguien para que le reconforte. Un mundo tranquilo y silencioso acaba por convertirse en un mundo inquietante en el que se sienten perdidos todos aquellos que están acostumbrados al ruido. El cese repentino del bullicio es una idea terrorífica, significa el instante de vacío que precede al cataclismo, el momento en el que los habitantes de la ciudad cierran sus ventanas con miedo.

La tranquilidad del caminante en el centro mismo del bullicio es el resultado de una actitud personal, de la disciplina interior de quien consigue dominar sus sentimientos. El desagrado se contiene tras una pantalla sensorial, un distanciamiento deliberado de lo que molesta mediante la decisión de no oírlo más, o por la creación de un juego de ideas que lo desactiva. Gaston Bachelard, por ejemplo, cuenta cómo neutraliza los martillazos de unas obras en su calle parisina –transformándolos mentalmente en los pájaros carpinteros de su tierra natal–. Muchas sociedades parecen especialmente hospitalarias con ciertas producciones sonoras que en otras sociedades serían consideradas insoportables. K. G. Durkheim sugiere una interpretación de esta actitud a propósito de Japón, un país maestro, a la vez, del ruido y del silencio. La vida cotidiana resuena con todo el estrépito de la ciudad; los altavoces repiten incansablemente sus mensajes, sus avisos, sus consejos; la música envuelve melosamente todo: desde los transportes públicos hasta los ascensores, desde los restaurantes hasta los servicios, en una especie de caza obstinada del silencio; los omnipresentes televisores dominan el espacio sónico de las viviendas. De la mañana a la noche, una emisión ininterrumpida de sonidos pone a prueba los nervios del occidental. Y sin embargo, los japoneses son capaces de oponer su propia serenidad a este martilleo, que apenas los afecta. K. G. Durkheim (1985) interpreta su estoicismo ante el ruido como la consecuencia de una férrea educación moral. El japonés se encierra en sí mismo y no deja que las olas que rompen contra su universo cotidiano lo afecten

–el retiro interior le protege de los ruidos del mundo–. Mientras el occidental, según Durkheim, prefiere la exterioridad, tendiendo a abandonar todo lo demás, el japonés fundamenta su relación con el mundo sobre un silencio personal que le proporciona una distancia apreciable respecto a las cosas.

Los lugares de culto, los jardines públicos, los cementerios, conforman en las ciudades enclaves de silencio cercados por el bullicio en los que es posible encontrar un momento de reposo, un breve retiro alejado del mundanal ruido. Se acude a ellos para recobrar el aliento, recogerse, saborear la calma mecida por el *genius loci*. El silencio instala una dimensión propia en el mundo, una espesura que envuelve las cosas e incita a no olvidar la importancia de la mirada propia. El tiempo fluye por esta dimensión sin prisa, al paso del hombre, invitando al reposo, a la meditación, al vagabundeo. Estos puntos impregnados de silencio se desmarcan del paisaje circundante y se ofrecen como lugares propicios al recogimiento. En ellos hacemos acopio de interioridad antes de volver a enfrentarnos con la agitación de la ciudad o de la propia vida (Le Breton, 1997, 176 y ss.).

Ver

La vista es el sentido privilegiado en la sociedad urbana. El transeúnte está permanentemente sometido al espectáculo de la ciudad (escaparates, anuncios, circulación motorizada o peatonal, incidentes, etc.). G. Simmel lo presintió a principios del siglo XX cuando escribió que «las relaciones entre los habitantes de las grandes urbes están caracterizadas por una preponderancia marcada de la actividad de la vista sobre la del oído. Y esto no solo porque en los pueblos y las pequeñas ciudades los encuentros en la calle se hacen sobre todo con gente con la que intercambiamos algunas palabras y cuyo aspecto reproduce toda su personalidad..., sino sobre todo por los medios de comunicación pública» (Simmel, 1981, 230). La mirada, el sentido de la distancia, de la representación, incluso de la vigilancia, es para el habitante de la ciudad el vector esencial de apropiación del espacio que le rodea (Le Breton, 1998). La ciudad pone a los transeúntes en mutua posición de mirar, muestra permanentemente un bosque de rostros. La deambulación urbana implica el incesante cruzarse y ver a otras personas alrededor de nosotros, sin poder nunca sustraernos a su mirada.

La visibilidad mutua dirige la fluidez de los recorridos, orientando favorablemente las trayectorias para evitar los accidentes o los empujones. Todo aquel que se sale de este orden de desplazamiento es rápidamente emplazado a volver al ritual con un «¡Mira por dónde vas!».

La lectura de la apariencia y de la actitud del otro indica a primera vista su probable comportamiento inmediato y evita los pequeños accidentes del camino. Los intercambios de miradas no son únicamente un medio de facilitar los desplazamientos en medio de la masa humana, sino que también satisfacen una curiosidad de los rostros que nos rodean, una voluntad del otro, un cariño vagabundo que almacena imágenes sin otra necesidad que la del instante. La calidad de las mutuas presencias se disfruta durante un breve intervalo de tiempo, suscitando a veces el paso al acto de abordar al otro o el remordimiento por no haber dado ese mismo paso, en un caleidoscopio de emociones menores que nos asalta en el caminar urbano. A veces el peatón se convierte en esteta de estas impresiones fugaces y se instala en la terraza de un café dejando que su mirada deambule entre el gentío. Ver al otro es desatar una ensoñación: «El ojo –escribe también

Simmel– nos proporciona además la temporalidad del ser, el sedimento de su pasado en la forma substancial de sus rasgos, de manera que, por así decir, vemos surgir ante nosotros la sucesión de todos los actos de su vida a un tiempo» (Simmel, 1981). En sus constituyentes materiales o vivos, la ciudad es un elogio constante a la mirada.

Sentir

Caminar nos enfrenta con el calor, el frío, el viento, la lluvia; la ciudad manifiesta sobre la piel una tactilidad cambiante según el estado físico del individuo: cansado, febril, animado por el sol o la tormenta. La lluvia es una emanación de la naturaleza que recuerda a la ciudad su triunfo, siempre provisional, sobre los elementos. *Axis mundi* de un puñado de horas o de minutos, rompe las fronteras con el cielo, uniendo el agua y la ciudad en una cosmología que ahuyenta a los hombres de las calles como para permitir a los dioses que tomen brevemente posesión de ellas. La experiencia de la lluvia es una experiencia del cuerpo: las gotas golpean la cara, mojan el cabello, los zapatos; provocan temblores de frío o simplemente refrescan, a veces llegan a helar al transeúnte sorprendido. La lluvia obliga a saltar charcos, torrentes, desagües; el transeúnte sorprendido corre de un refugio a otro, cruzándose con otros en su misma condición, igual de preocupados –y eso que el ser humano no está hecho de azúcar y no se deshace en contacto con el agua–. La lluvia emborrona el paisaje urbano, cambia su color, ensombrece el espacio. Las formas rituales de presentación de uno mismo desaparecen; hasta los hombres y mujeres más rígidos, hasta los más pagados de sí mismos, corren a protegerse del agua, se escabullen entre las gotas, indiferentes a todo comportamiento mundano y sin temer ya perder la dignidad o el respeto, saltando muy serios de refugio en refugio, olvidando toda preocupación por el qué dirán. La lluvia es un paréntesis en las buenas maneras, pero también se presta a la sonrisa frente a los esfuerzos destinados al fracaso, que llevan a veces a tropezar con un obstáculo imprevisto o a resbalar sobre el asfalto mojado. La lluvia quita las máscaras y devuelve a cada uno a su humana condición.

Pero al romper estas formalidades del día a día, la lluvia también crea la posibilidad de encuentros inesperados. «Parece unir a las personas frente a un enemigo común –en esos casos la gente de ciudad se atreve más de lo normal a intercambiar unas palabras–. Llega un momento en el que desearíamos que se transformara en diluvio, para que los seres humanos se reconcilien haciendo frente común contra una situación peligrosa» (Sansot, 1996, 402). En otros lugares, pienso sobre todo en Asia y especialmente en muchas de mis experiencias en la India, el agua puede inundar las calles en pocos minutos, deshaciendo todos los tenderetes y desbaratando la circulación. Un verano la lluvia nos sorprendió en los *ghats* del Ganges en Benarés, donde estábamos descansando tras una larga excursión bajo un sol de plomo. Las gotas no parecían molestar ni a las vacas ni a las cabras, que seguían paseándose por los *ghats,* aunque los perros sí que estaban un poco inquietos. Pero unos pocos minutos fueron suficientes para que un torrente se formara en las calles. Y unos pocos más para que tuviéramos el agua llegándonos hasta la cintura, forzándonos a caminar por entre los detritus, rezando para no caer en uno de esos agujeros que proporcionan a las calles indias su particular fisonomía. Anduvimos más de un kilómetro bajo la violenta lluvia, casi sumergidos en ella, antes de reencontrar tierra firme y poder ver por dónde pisábamos.

Podría contar muchas más historias de rutas pasadas por agua en Calcuta, Bombay o Goa, evitando los monzones pero aun así teniendo que caminar completamente empapados durante toda la jornada. Una noche en Pokhara, este mismo año en el que ahora estoy escribiendo, una espectacular tormenta, un diluvio, inundó súbitamente las calles, cortando la electricidad e iluminando con sus relámpagos la oscuridad de la ciudad. Estábamos cenando a cierta distancia de nuestro hotelito, por lo que tuvimos que caminar de vuelta con el agua hasta las rodillas, caernos en unos cuantos agujeros, esquivar unas cuantas vacas inmóviles refugiadas bajo las cornisas de las casas, inventar el camino en una noche de tinta china entre dos relámpagos..., un buen periplo para llegar a buen puerto. Pero todo esto ya forma parte del pasado, de las conversaciones inofensivas. Son momentos de complicaciones provisionales que aportan la sal del caminar urbano y dejan recuerdos imperecederos.

En cuanto al hielo, podemos decir que es como la enfermedad meteorológica del caminar, pues nos ofrece la caricatura del caminante, su aspecto más grotesco. Nos obliga a perder el equilibrio sutil de la marcha y a ejecutar movimientos a menudo ridículos para evitar la caída. La nieve, al contrario, suaviza el paisaje, uniformiza las calles, nos da la impresión de encontrarnos dentro de un cuento de hadas.

Aspirar

Una trama de olores diversos acompaña al caminante en su recorrido por la ciudad, los barrios, las calles, según la ubicación. Siguiendo el paso de las horas, los distintos tenderetes y puestos callejeros se turnan para inscribir su firma olfativa en los alrededores: olores de cordero a la brasa, de salchichas, de pescados, olores dulces de bollos, pasteles, aromas del pan recién salido del horno, etc. A veces, son platos cocinándose a fuego lento los que difunden su invitación a comer más allá de las ventanas abiertas y sumen al transeúnte en una ensoñación culinaria, con olores de especias, de salsas, olores de convite. Nos llevan a lamentar que el hombre no sea capaz de alimentarse olfativamente, a imagen y semejanza de los dioses, pues esos festines serían entonces desmesurados, a disposición de la embriaguez del primer llegado, sea cual sea su fortuna. En el camino que marca la acera tenemos también las exhalaciones perfumadas de las transeúntes, los olores de jabones y lociones, más banales y menos sugerentes. Pero en principio los hombres no disponen de la capacidad olfativa de un Grenouille, el personaje de la novela de Süskind, para desnudar sin complacencias a cada persona con la que se cruzan, haciendo del olor íntimo de cada uno la parte sensible del alma. Están también los olores estacionales de los árboles, las flores, las hojas, los desagües atascados, los olores de la tierra seca. A veces son también las emanaciones de las fábricas cercanas, ya sean los olores penetrantes de una curtiduría o de una empresa de procesamiento de productos químicos o los de tubos de escape de coches y motos, por desgracia más corrientes.

Espiritualidades del caminar

Igual que una blanca nube de verano, en armonía con el cielo y la tierra, flota libremente en el azul del cielo desde un horizonte a otro, siguiendo el aliento de la atmósfera, de la misma forma el peregrino se abandona a sí mismo al aliento de una vida mejor que brota desde lo más profundo de su ser y le conduce más allá del más lejano horizonte hacia un fin ya presente en su interior aunque todavía oculto a su mirada.

LAMA ANAGARIKA GOVINDA,
*El camino de las nubes blancas:
un peregrino budista en el Tíbet*, pág. 11.

Itinerancias espirituales

La antigua Grecia contó en otro tiempo con los peregrinajes a Delos, la isla más pequeña de las Cícladas, y a Delfos, célebre por su Pitia. Pero el pueblo de la Biblia es el pueblo peregrino por excelencia. Dejando Ur, en Caldea, Abraham lleva a los hebreos de «campamento en campamento» para llegar a la Tierra Prometida. Abraham y su descendencia se instalan en Canaán. Primer episodio de una larga marcha inscrita en la historia. Varios siglos después, los hebreos huyen de Egipto, donde estaban sometidos a la esclavitud. Cuarenta años de marcha por el desierto para recorrer doscientos kilómetros bajo la égida de Moisés. Tras el Exilio, es decir, la toma de Jerusalén por Nabucodonosor y la deportación de los judíos a Babilonia en el año 586 antes de Jesucristo, el peregrinaje a Jerusalén se convierte en un deber para todo judío, sobre todo en el momento de la Pascua, el *pésaj*, que celebra el paso por el mar Rojo; en el Shavuot, que conmemora la entrega de la Torá por parte de Dios a Moisés en el Monte Sinaí tras cincuenta días de *pésaj*, y en los Tabernáculos o *Sucot*, que duraban siete días y celebraban la cosecha. Quince salmos (los salmos 119 a 133: los «Salmos graduales», llamados así porque los israelitas los cantaban subiendo las gradas del Templo de Jerusalén) eran cánticos de peregrinos afirmando su confianza en Dios y su gozo por caminar hacia la Ciudad Santa.

El peregrino cristiano de la Edad Media o del Renacimiento camina bajo la mirada de Dios, se recoge o hace penitencia en un lugar santo, explora la Creación en la medida finita de sus posibilidades confiando en la Providencia cuando hace un alto en la noche o atraviesa un bosque, temiendo caer en una emboscada o ser víctima de un sortilegio. La angustia de lo desconocido lo acompaña como su sombra, si bien los lugares de acogida jalonan el recorrido y lo reconfortan con regularidad. Al hilo de este largo camino cada día es un milagro ordinario, pues caminando para mayor Gloria de Dios el peregrino confía en Su protección infalible. Indiferente a la dureza de la ruta, el peregrino se somete a designios mucho mayores que él, como su misión y su fe, cuando hace el relato de su recorrido. Cada día participa de un mismo don de su persona a Dios y su marcha se lleva a cabo bajo el orbe de la luz divina. Los *Romei* iban a Roma, los *Palmieri* a Jerusalén, y los *Peregrini* a Santiago de Compostela. El término *peregrinus* significa «extranjero», aquel que está fuera de su entorno, afrontando un mundo que escapa a toda familiaridad. La alta Edad Media trae consigo la acepción moderna del término; la *peregrinatio* deja de ser un exilio y pasa a ser una ascesis deliberada (Sigal, 1974, 6), un ejercicio de espiritualidad. El peregrino abandona la seguridad de su hogar y su pueblo para acudir a un santo lugar, un lugar santificado a sus ojos por la presencia divina. Hace un duelo provisional de su familia y de su burgo, sin estar seguro de poder volver, ni siquiera de poder llevar a término su viaje. Proponiéndose vivir según los caminos inescrutables de Dios, el peregrino sabe también lo que se arriesga a perder, pero cree que su apuesta vale la pena, pues con ella se gana, a cambio, la eternidad al dar el último paso del camino. El don de sí a las obras divinas tiene como recompensa la concesión del paraíso. El trato es bueno. En esas condiciones, la culminación del peregrinaje se divide en un tiempo anterior al acontecimiento y en un tiempo posterior.

En los caminos del pasado, cuando caminar era el modo más común de desplazamiento, los peregrinos se cruzaban también con mercaderes, estudiantes, bandas de soldados, vagabundos, personas sin trabajo y vendedores ambulantes, mendigos, deshollinadores o malabaristas, gitanos, campesinos dirigiéndose a sus tierras. Se caminaba del alba a la puesta del sol. La noche guardaba mil peligros, tanto humanos como provenientes de los poderes divinos. Los «pies polvorientos» no estaban solos en el camino. Se distinguían de los demás itinerantes por un vestuario común, que además les permitía reconocerse entre ellos (aunque también favorecía la impostura y el disfraz de aquellos que buscaban hacerse pasar por peregrinos para robar): túnica apretada en la cintura por un cinturón de cuero, sandalias, botas o borceguíes, sombrero de ala ancha, cantimplora y bordón (bastón más alto que la estatura de un hombre, con una punta de hierro y en el medio de la cabeza unos botones de adorno). Algunos penitentes andaban con los pies desnudos para que su mérito fuera mayor, o porque así se lo habían ordenado.

El peregrino es ante todo un hombre que camina, un *homo viator*, lejos de su casa durante semanas o meses y que hace penitencia por la renuncia al mundo y por las pruebas a las que se somete a fin de acceder al poder de un santo lugar y regenerarse en él. El peregrinaje es entonces una permanente devoción a Dios, una larga plegaria ejecutada por el cuerpo. Los obstáculos en el camino son muchos: los ladrones que asaltan, saquean, asesinan; los farsantes (falsos curas, falsos monjes, falsos peregrinos, etc.), los ríos que hay que vadear y que les exponen a un peaje excesivo, los lobos en algunas regiones, los elementos de la naturaleza... El estado de los caminos es a veces desastroso, sobre todo en los comienzos. No hay mapas que faciliten el viaje; hay que ir de pueblo en pueblo, siguiendo las piedras que marcan el camino, exponiéndose al frío o al calor, a la lluvia o a la nieve, al viento, a las chinches y a los piojos, a las heridas, a la mugre, la comida en mal estado, las aguas de aspecto dudoso, las enfermedades, las infecciones. El peregrinaje es también una ascesis que solo los más afortunados pueden atenuar, si bien a riesgo de atenuar también la naturaleza de su salvación futura.

Algunos degustadores de la espiritualidad tomaban los caminos secundarios en vez del principal e iban de parroquia en parroquia, de relicario en relicario, visitando los oratorios. La geografía se codeaba con la hagiografía, para alegría del caminante, pero suscitaba del mismo modo la curiosidad del peregrino por las regiones que atravesaba. Y lo que al principio eran caminos librados a la buena o mala fortuna del peregrino, en los que se exponía a todos los peligros del tiempo, se acabaron convirtiendo en las cuatro grandes rutas que llevan a Santiago de Compostela y que fueron organizando poco a poco su acogida, con guías que le informaban de los lugares dónde dormir y comer, o rezar. Los peregrinos recorrían cada día entre treinta y cuarenta kilómetros, y gozaban de la protección de las autoridades civiles y religiosas (monasterios, hospitales, hospicios, hoteles o simples particulares). En las regiones montañosas, los peregrinos podían saber dónde encontrar un albergue gracias a las campanadas regulares de las parroquias, y los *jacquets* (como se llama en francés a los peregrinos jacobeos) los descubrían también gracias a las insignias que reproducía la concha de Santiago. Cientos de miles de peregrinos acudían cada año a Compostela, y cientos de miles de peregrinos volvían cada año a sus casas, pues, al contrario de lo que pasa hoy, una vez llegados a buen puerto los peregrinos debían recorrer el camino de vuelta en las mismas condiciones que en la ida. Había pocas mujeres, debido a los innumerables peligros de la ruta, pero sobre todo al consejo de la Iglesia.

Varios tipos de peregrinos se cruzan en los caminos de Compostela, en el corazón de España, o en los de Roma o de Jerusalén. La devoción lleva a los fieles a manifestar su fe acudiendo a los santos lugares: enfermos y tullidos en busca de una cura milagrosa, atraídos por el poder taumatúrgico de las reliquias; otros que cumplen una promesa, pronunciada tras una petición a Dios... Los tribunales también arrojan a la carretera a un buen número de condenados cuya pena consiste en llegar a Santiago o a otros lugares santos, como penitencia de sus infracciones a las reglas civiles o religiosas. Caminando para purificarse de sus crímenes, recibirán al llegar a su destino un certificado que da fe de la buena ejecución de su condena, y podrán entonces volver a casa. Por devoción, algunos peregrinos se ponen cadenas en los pies o caminan descalzos; algunos deben andar así hasta que el óxido o el desgaste los libere de sus hierros. Sin embargo, los más ricos siempre pueden comprar su peregrinación o, aún más, hacerla por vía interpuesta de otra persona, a la que se le paga por ello.

Las guerras de religión de finales del siglo XV rompieron decisivamente la tradición al convertir los caminos en lugares demasiado peligrosos. Además, Lutero prohibió el peregrinaje, que juzgaba contrario a la moral. Pero en cuanto las guerras acabaron, los caminos de Compostela, y todos los demás, se reencontraron con sus peregrinos. A veces se trataba simplemente de caminar hasta la catedral más cercana en cumplimiento de una promesa o de un acto de fe. Charles Péguy nos deja así un bello testimonio de su peregrinaje a Chartres tras pronunciar una promesa por su hijo enfermo. Pese a no estar en forma, recorre los ciento cuarenta y cinco kilómetros en tres días. «Cuando ya solo me quedaban diecisiete kilómetros para llegar, pude ver el campanario de Chartres; luego desaparecía de vez en cuando detrás de un repecho o una línea de bosque. Desde que lo vi, fue el éxtasis. Ya no sentía nada, ni el cansancio, ni mis pies. Todas las impurezas desaparecieron de golpe. Era un hombre distinto» (Engelman, 1959, 106).

Los caminos de Compostela siguen siendo recorridos hoy por miles de peregrinos (Bourles, 1995), no ya como afirmación ostentosa de la fe sino en una búsqueda personal de espiritualidad o en una voluntad de tener un tiempo para uno mismo, de romper con los ritmos y las técnicas del mundo contemporáneo uniéndose simbólicamente a millones de predecesores. Se trata todavía de una promesa, de una voluntad de afirmar la devoción, pero lo más común es que sea una búsqueda de lo sagrado, es decir, de la constitución de una temporalidad y una experiencia íntima, inolvidable por su originalidad y densidad. Los caminos de la fe ceden su lugar a los caminos del conocimiento o de la fidelidad a la historia, los caminos de la verdad se convierten en caminos del sentido, y ya será cada peregrino quien decida con qué tipo de contenido personal los va a llenar (Le Breton, 1997, 227 y ss.). El caminar desnuda, despoja, invita a pensar el mundo al aire libre de las cosas y recuerda al hombre la humildad y la belleza de su condición. El caminante es hoy el peregrino de una espiritualidad personal, y su camino le procura recogimiento, humildad, paciencia; es una forma ambulatoria de plegaria, librada sin restricciones al *genius loci*, a la inmensidad del mundo alrededor de uno mismo.

El mundo ortodoxo conoce también varias formas de marchas espirituales. En el monte Athos, los monjes giróvagos no disponen de un lugar definido para dormir: se tumban en el suelo dondequiera que la noche les haya sorprendido, sin buscar el sitio más cómodo. En su caminar de monasterio en monasterio, cualquier lugar, hasta una fosa, les sirve para su breve reposo. Si bien se sienten plenamente monjes de Athos, no generan ningún vínculo con ningún monasterio en concreto, pues pertenecen al espacio de la montaña santa, que han convertido en lugar de plegaria permanente. Al hilo de sus pasos, no cesan de desgranar interiormente la «plegaria del corazón», el hesicasmo. Su desapego de toda regla monástica los hace libres de movimientos, y pueden ir y venir según su humor o su gusto, convirtiendo cada rincón en lugar propicio para la plegaria. Su entera existencia es un caminar hacia Dios. Se conocen el monte Athos de memoria; no hay ningún punto del mismo por el que no hayan pasado ya innumerables veces en el curso de su deambular místico. Cada día un nuevo itinerario los espera para llevarlos a un nuevo nacimiento del mundo en una celebración siempre renovada. Es un eterno peregrinaje en un pañuelo, un recinto que confina los límites de la creación solo para estos monjes que no cesan de caminar así con Dios.

Pero la tradición ortodoxa se extiende mucho más allá del centro radiante del monte Athos. Los *Relatos de un peregrino ruso* proponen el mismo itinerario espiritual pero de un hombre de la santa Rusia de finales del siglo XIX. Un día, al salir del oficio, un fiel se pregunta si es posible rezar sin cesar. Se pone entonces en camino en busca de sabios reputados de los que espera una respuesta. Cristiano ortodoxo, con su corazón entregado a Dios, el peregrino ruso mezcla caminar y plegaria, volcado en su búsqueda. «A veces hago más de sesenta verstas en un día y no me doy cuenta de que camino; solo siento que voy diciendo la oración. Cuando sopla un viento frío y violento, rezo la oración con más atención y en seguida entro en calor. Si el hambre es demasiada, invoco más a menudo el nombre de Jesucristo y no me acuerdo de haber tenido hambre. Si me siento enfermo y mi espalda o mis piernas comienzan a dolerme, me concentro en la oración y dejo de sentir el dolor» (Anónimo, 1981, 35). El espacio recorrido se traduce en mayor interioridad todavía. Al término del cuarto relato, el peregrino encuentra un compañero de ruta para llegar andando hasta la «Jerusalén antigua».

Caminar con los dioses

En Asia, el hinduismo y el budismo también promueven el peregrinaje, arrojando al camino a muchos *sadhus* (ascetas o monjes que siguen el camino de la penitencia y la austeridad para obtener la iluminación) y hombres y mujeres ordinarios, en busca de una proximidad con lo divino. En el Tíbet, un aire enrarecido impone un ritmo cercano a ciertos ejercicios de *hatha yoga*. El caminante se ve obligado a avanzar lentamente y con regularidad, aspirando más aire del que es necesario. Algunos tibetanos utilizan fórmulas sagradas, los *mantras*, para armonizar mejor el paso con la respiración.

La tradición tibetana conoce otro modo de caminar, el de los *lung-gom-pa*, viajeros en trance, insensibles al cansancio o a los obstáculos, que recorren con pies ligeros largas distancias. Un día, poco antes del anochecer, el lama de origen alemán Anagarika Govinda, demasiado alejado del campamento de sus compañeros, se pierde en el camino. Corre el riesgo de morir de frío en la noche del Himalaya. «Ya no era posible elegir un camino entre los pedruscos que cubrían el terreno a lo largo de incontables kilómetros por delante de mí; la noche me rodeaba totalmente, y sin embargo, ante mi asombro, fui saltando de piedra en piedra sin resbalar en ningún momento ni fallar una pisada, a pesar de calzar solamente unas endebles sandalias. Y entonces comprendí que una extraña fuerza había ocupado mi cuerpo, una conciencia que ya no estaba dirigida por mis ojos o mi cerebro. Mis extremidades se movían como en trance, con un extraño conocimiento propio, aunque su movimiento parecía casi mecánico. Yo notaba las cosas solo como en un sueño, en cierto modo indiferente. Incluso mi cuerpo se había hecho distante, casi independiente de mi voluntad. Yo era como una flecha que infaliblemente seguía su trayectoria mediante la fuerza de su ímpetu inicial, y lo único que sabía era que bajo ninguna condición debía romper el hechizo que me había capturado» (Govinda, 1981, 118). A Govinda le parece que el mundo que lo rodea tiene la consistencia de los sueños y, aunque un solo paso en falso en las rocas lo conduciría a una muerte segura, avanza con la serenidad de un sonámbulo. Recorre así varios kilómetros. «No sé cuántos kilómetros de este territorio pude atravesar; solo sé que finalmente me encontré en el paso sobre las colinas bajas con la llanura y el pantano de magnesio frente a mí, y que para entonces una estrella se hizo visible en la dirección de la cordillera nevada, así que pude tomarla como punto de guía en el monótono espacio que se extendía ante mí. No me atreví a apartarme de esta dirección y todavía bajo la influencia del hechizo crucé directamente el pantano sin penetrarlo en ningún momento» (Govinda, 1981, 118). Más tarde comprenderá que por un momento se había convertido sin querer en un *lung-gom-pa*, operando una fusión de su yo consigo mismo. *Gom*, dice Govinda, significa meditación, concentración del espíritu y el alma en un tema preciso hasta el momento en que el dualismo desaparece, en que el individuo se hace uno con el objeto de su meditación. *Lung*, por otro lado, está relacionado con el «aire» y la energía vital. El *lung-gom-pa* es un hombre que ha aprendido a controlar su respiración por la práctica yóguica del *prāṇāyāma*. Todo aquel que domina esta forma de trance es capaz de caminar con paso vivo dando una impresión de levedad aérea; no se diferencia de su propio paso, se hace uno con el todo. El peligro sería salir de la fusión por un despertar brutal a la conciencia ordinaria. No mira alrededor de él, se disuelve en el trance de caminar.

La técnica de *lung-gom-pa* no es más que una de las vías de liberación espiritual, en este caso sumamente útil para recorrer largas distancias en un país (y época) en la que los medios de comunicación son difíciles y a menudo peligrosos. Peter Matthiessen da un ejemplo de ello durante el arriesgado y trabajoso paso por uno de los flancos de una montaña azotada por los vientos. Finalmente podrá atravesarlo, quedando sin aliento y aterrorizado, a cuatro patas, al término del camino. Los porteadores llegan poco después, charlando tranquilamente, risueños y, en cuanto comprueban la peligrosa naturaleza del paso, se callan y uno tras otro lo cruzan con sus pesadas cargas, la mirada fija en el horizonte y apenas tanteando las rocas con las manos. Nada más salvar el obstáculo, vuelven las risas y la charla, en el mismo punto donde las habían dejado, como si nada hubiera ocurrido. Matthiessen está describiendo la disciplina tántrica del *lung-gom-pa*, ese caminar entre mundos que libera al hombre de su pesantez.

En la India, el *sannyāsi* es un monje errante y solitario, un hombre entregado al sumo renunciamiento. Tras recibir la iniciación de un gurú, camina en el filo de los caminos, visitando santuarios, celebrando las *pujas*, rindiendo homenaje a otros sabios. El mundo es su morada y se detiene de vez en cuando en una cueva o en un bosque durante días, o años. Sus compañeros son siempre provisionales. Otros se convierten en *sannyāsi* tras una renuncia voluntaria al trabajo y a su familia, abandonando toda convención social y despojándose de ropa y bienes; simplemente se atan un paño en la cintura y toman su bastón de peregrino y su cuenco de madera, pues a partir de entonces vivirán únicamente de las limosnas recibidas por el camino, dependientes de la buena voluntad de los demás. Renunciando a sus posesiones materiales, caminan con Dios recitando regularmente los *mantras* que marcarán el ritmo de sus pasos. Sin dinero, su modo de desplazamiento es el caminar, si bien de tanto en tanto pueden coger un tren gracias a la aquiescencia de un controlador de billetes bienintencionado.

El budismo, igual que el hinduismo, no es tampoco ajeno a los peregrinajes y las largas marchas de sus monjes. Govinda se dirige al Tíbet con una caravana para reunirse con su gurú. «El viaje –escribe– tuvo las cualidades de un sueño: lluvia, niebla y nubes transformaban la floresta virgen, las rocas y las montañas, gargantas y precipicios, en un mundo de formas fantásticas, extrañamente cambiantes, que surgían y se disolvían con tal rapidez que me hacían dudar de su realidad, así como de la mía propia» (Govinda, 1981, 63). El lento camino por el Himalaya parece una escalada de nube en nube, atravesando varias capas de clima y vegetación. Una vez llegado al punto más elevado del paso al Tíbet, Govinda, fiel a la tradición, da unas cuantas vueltas alrededor de la pirámide de piedras a la que cada peregrino contribuye como muestra de gratitud a la montaña por culminar el camino sano y salvo. Añade su piedra para reforzar su determinación, y también como saludo a todos los peregrinos que tomarán el mismo camino. Y entonces le vienen a la memoria las palabras de una estrofa china, atribuida a Maitreya, el futuro Buda, cuando todavía recorría el mundo como un monje errante: «Solitario ando errante mil millas... y pregunto a las nubes blancas mi camino» (Govinda, 1981, 65).

Govinda describe uno de los peregrinajes sagrados de los fieles budistas o hinduistas, el que los lleva al monte Kailāsh. Miles de hombres han recorrido este camino, como ínfimos eslabones de una cadena eterna. A menudo parten de las llanuras calurosas y fértiles del río Indo, sobre todo de Haridwar, al borde del Ganges. El peregrino se baña en las frías aguas para purificarse, dejar morir su antigua identidad para renacer meses más tarde en las aguas del lago de la Compasión, que los hindúes llaman el Gaurī-Kund, al pie del monte Kailāsh, a poco más de mil kilómetros de allí. En el mes de mayo, cuando deja de nevar, los peregrinos se ponen en marcha; son básicamente pobres, *sadhus* sobre todo, pero también acuden algunos con los suficientes recursos financieros como para pagarse unos portadores o unas mulas. La mayoría van con los pies descalzos o con unas sencillas sandalias, cargando un fardo en la cabeza y deteniéndose por las noches en refugios en los que adquieren su frugal comida. Muchos de ellos farfullan un mantra en honor a Rama, a Shiva o a Krishna. Algunos mueren en el camino debido al frío, las enfermedades, las infecciones, las caídas al abismo, o arrastrados por la crecida de un río.

Los peregrinos escalan cientos de kilómetros de cadenas montañosas, alternando el calor del altiplano con el frío glacial de las montañas, atravesando las nubes, las lluvias diluvianas y el viento. Los senderos rodean los precipicios, atraviesan arroyos o ríos que hay que vadear con dificultad o, si hay suerte, cruzar por un puente herrumbroso, siempre con el riesgo de que se rompa, como le ocurrió a Alexandra David-Néel (David-Néel, 1989, 110). La muerte es una amenaza permanente para quien no está preparado tanto mental como físicamente. «Solo aquel que ha contemplado lo divino en su forma más temible, que se ha atrevido a examinar la cara sin velo de la verdad sin impresionarse o asustarse, solo tal persona será capaz de soportar el poderoso silencio y la soledad del Kailāsh y sus lugares sagrados, y sobrellevar los peligros y privaciones que son el precio que hay que pagar para ser admitido ante la presencia divina en el lugar más sagrado de la tierra. Pero aquellos que han abandonado la comodidad y la seguridad y el cuidado de su propia vida son recompensados con un indescriptible sentimiento de dicha, de felicidad suprema» (Govinda, 1981, 295).

La iluminación le espera al caminante en el alto del Gurla, la del gran *darśana* de las montañas, en la transparencia del alba que permite ver con claridad a más de ciento cincuenta kilómetros de distancia la luminosa cúpula del monte Kailāsh, los lagos azules rodeados del verde de los pastos, el oro de las colinas... Primer deslumbramiento, que es también primera transformación interior: «Realmente es una de las vistas más inspiradoras de la tierra que, en verdad, le hace a uno preguntarse si pertenece a este mundo o es un sueño, una visión del próximo. Una paz inmensa reside en este divino paisaje y embarga el corazón del peregrino, inmunizándole de todos los problemas personales porque, como en un sueño, él se siente uno con su visión. Ha alcanzado la ecuanimidad del que sabe que no puede ocurrirle más que lo que ya le corresponde desde la eternidad» (Govinda, 1981, 301). Desciende entonces a la Tierra de los Dioses, sintiéndose rodeado de la sombra de los miles de hombres que han pisado antes que él ese suelo sagrado.

Tras unas pocas horas, descubre la visión de las aguas azuladas del lago Manasovar, flanqueadas por las montañas y coronadas por la arquitectura sutil y cambiante de las nubes. Govinda se sorprende porque los animales no se asustan con su presencia. Los pájaros, los conejos, hasta los *kyang*, no temen al hombre –viven en un espacio eminentemente sagrado, donde nadie tiene el derecho de cazarlos o matarlos–. Se pueden encontrar innumerables hierbas medicinales o aromáticas, una auténtica bendición para el peregrino. Pero el camino todavía no ha terminado: una vasta y verdeante planicie se extiende entre él y el objeto de su peregrinaje.

Pronto llega a los pies del monte Kailāsh. «Nadie puede aproximarse al Trono de los Dioses, o penetrar en el *Mandala* de Shiva o de Demchog, o de cualquier otro nombre que él quiera dar al misterio de la realidad última, sin arriesgar la vida –y quizá incluso la cordura de la mente–. Aquel que ejecuta el Parikrama, las rituales circunvalaciones de la montaña sagrada, con una mente perfectamente devota y concentrada, atraviesa un ciclo completo de vida y muerte» (Govinda, 1981, 311-312). Se sumerge en la visión maravillosa *(darsana)* de la montaña santa (la joya de las nieves). Para los tibetanos, la montaña está poblada por millones de budas y *bodhisattvas* cuya meditación proyecta su luz sobre el resto de la humanidad.

Govinda describe la última etapa, la de la liberación del ego, cuando el peregrino continúa su ascensión hacia el alto de Dölma, a 5.800 metros de altitud. «Mientras asciende hacia el elevado paso de Dölma, que separa los valles Norte y Oeste, llega al lugar donde contempla el Espejo del Rey de la Muerte (Yama), en el cual se reflejan todos sus hechos pasados. En este punto se tumba entre grandes pedruscos adoptando la posición de un hombre muerto. Cierra sus ojos y se enfrenta al juicio de Yama, el juicio de su propia conciencia, recordando sus actos anteriores. Y con ellos, él recuerda a todos los seres queridos que murieron antes que él, a todos aquellos cuyo amor fue incapaz de devolver; y reza por su felicidad cualquiera que sea la forma en que hayan renacido» (Govinda, 1981,

314). Liberado del miedo a la muerte, reconciliado con su pasado, abierto al mundo del porvenir e interiormente transformado, camina hacia el lago de la Compasión y se sumerge en sus aguas heladas, donde se bautiza por primera vez antes de volver a descender hacia la planicie.

Caminar como renacimiento

Caminar implica reducir la utilización del mundo a lo esencial. La carga que se puede llevar se restringe a lo elemental: un puñado de ropa y de utensilios, algo para hacer un fuego y no morirse de frío, instrumentos para no perderse, un poco de comida, a veces armas, siempre algún libro. Lo superfluo se cuenta en penas, sudor, dolores futuros. Caminar es pues un desnudarse, que revela al hombre en su cara a cara con el mundo. Su arte, dice Thoreau, que se refiere aquí a una de las etimologías de *sauntering* (pasear, deambular en inglés), consiste en llegar simbólicamente a una tierra santa, a entregar sus pasos al magnetismo de la ruta, pues «el *saunterer*, en el recto sentido, no lo es más que el río serpenteante que busca con diligencia y sin descanso el camino más directo al mar» (Thoreau, 1998). Caminar es un camino para el desacondicionamiento de la mirada, trazando una ruta no solamente en el espacio, sino en el yo, y lleva a recorrer las sinuosidades –las del mundo y las propias– en un estado de receptividad, de alianza. Geografía del afuera que se une a la de la interioridad, liberándola de las obligaciones sociales ordinarias. «El hermoso camino color lavanda palidece un poco más a cada segundo que pasa. Nadie lo ha recorrido, ha nacido con el día. Y eres TÚ a quien ese pueblo espera al final del camino, para despertar a la existencia» (Roud, 1984, 84). E. Abbey lo confirma a su manera: «Cada vez que miro dentro de uno de esos pequeños cañones secretos, espero secretamente encontrar no solo el álamo de Fremont alimentándose de su minúscula fuente –el dios frondoso, el ojo líquido del desierto–, sino también una corona de luz flameante, color arcoíris, espíritu puro, puro ser, pura inteligencia desencarnada, lista para pronunciar mi nombre» (Abbey, 1995, 253). Si los obstáculos en el curso del camino (frío, nieve, heladas, lluvias, montañas imponentes) son para los tibetanos la obra de los demonios que quieren poner a prueba la serenidad de los peregrinos, quizá nosotros debamos también pensar que las dificultades del camino son para el viajero como las piedras miliares de su ruta interior hacia el corazón palpitante de cosas que todavía ignora.

El camino lleva a momentos en los que el mundo se abre sin reticencia, revelándosenos plenamente bajo una luz radiante –primer paso, quizá, de una metamorfosis personal–. Descubriendo el mundo a la altura del hombre, el caminante se pone a la vez en situación de descubrirse a sí mismo en la quemazón de unos acontecimientos cuyo resultado desconoce –pues, al igual que la vida, el camino está hecho de lo improbable, más que de lo previsible–. «Durante dos horas más avanzo penosamente y jadeo y trepo y resbalo y vuelvo a trepar y me quedo sin aliento, obtuso como cualquier irracional, mientras, mucho más arriba, los estandartes de plegarias ondean sobre el sol occidental, que vuelve ígneas las rocas frías, y llena el duro cielo de luz blanca. Sombras de estandartes bailan sobre las paredes de los ventisqueros mientras entro en la sombra del pico, en un túnel de hielo, moviéndome con dificultad y jadeando, los ojos estúpidamente fijos en la nieve. Luego estoy otra vez al sol, en el último de los pasos de alta montaña, quitándome el gorro de lana para que el aire me aclare la cabeza; caigo de rodillas, jubiloso, deshecho, sobre una estrecha cresta que separa dos mundos» (Matthiessen, 1995, 304).

En el agotamiento propio de las largas caminatas hay a veces tanta fuerza y tanta belleza que el sufrimiento del caminante prácticamente se disuelve. Desgastado por el contacto con el camino, erosionado por la necesidad de avanzar, el caminar se hace menos incisivo, más llevadero. A medida que pasa el tiempo, el miedo al dolor deja de ser la principal motivación del caminante para dar paso a la metamorfosis de sí mismo, al despojamiento, a una renovada entrega al mundo, entrega que requiere de la alquimia de la ruta y de un cuerpo que se funda en ella –una alianza afortunada y exigente del hombre con el camino–. «Si bien ese puerto de montaña representaba para mí una feliz coronación, un lugar abierto y al fin propicio a la contemplación, era también una invitación a mi superación, portal de hierba, de aire y de piedra hacia otro paisaje y hacia otro yo –dice Thierry Guinhut sobre los montes del Cantal–. El temblor de mis piernas, la palpitación en el corazón de mis miradas, el aliento inhalado, saboreado, al pasar por el alto, parecían cargarme de la tensión y la fuerza de un hombre distinto» (Guinhut, 1991, 20).

Caminar es a veces una memoria reencontrada, no solo debido a la invitación que hace a que meditemos sobre nosotros mismos en el curso de nuestro vagabundeo, sino también porque a veces llega a trazar un cambio que remonta el curso del tiempo y nos libra a un sinfín de recuerdos. Es entonces cuando caminar ronda la muerte, la nostalgia, la tristeza; despierta el tiempo por la gracia de un árbol, de una casa, de un río o un torrente, a veces de un rostro avejentado que nos cruzamos una vez en un sendero o una calle. «El trazado del camino –dice Pierre Sansot– no es solamente de orden material, también requiere de unas señales invisibles sin las cuales desaparecería; y si nosotros continuamos, nuestro caminar no sería ya por un camino propiamente dicho, sino por una abundancia de recuerdos personales o de amistades tipológicas, sentimentales, de las que carece el hombre sin corazón» (Sansot, 1983, 78).

Caminar es un remedio contra la ansiedad o la melancolía. Mi primer libro (Le Breton, 1982) reconstruía la larga marcha de un hombre absolutamente desamparado en las rutas del noreste brasileño. Entre la narración y la historia personal, el vínculo a veces era casi imperceptible; se trataba al fin y al cabo de una novela, pero la experiencia del acoso, de la desaparición de sí mismo en medio de una larga caminata por las carreteras o las calles del país me resultaba muy familiar. Primer aprendizaje de la amargura y la dulzura del mundo. Había que llevar a cabo la travesía física de la noche para dar a luz al yo. Caminar fabrica lentamente el sentido que permitirá reencontrar la evidencia del mundo; a menudo se camina para reencontrar un centro de gravedad, perdido al haber sido alejado de uno mismo. El camino recorrido es un laberinto que provoca el descorazonamiento y el cansancio; pero su salida, radicalmente interior, es a veces un reencuentro con el sentido y con el gozo de saber que hemos invertido, a nuestro favor, todas las dificultades con las que nos hemos cruzado. Muchas rutas son travesías del sufrimiento, que nos acercan lentamente a la reconciliación con el mundo. La suerte del caminante, dentro de su angustia, es la oportunidad que se le ofrece de un cuerpo a cuerpo con su existencia, de conservar un contacto físico con las cosas. Embriagándose de fatiga, planteándose objetivos minúsculos pero eficaces, como ir allí en lugar de allá, controla todavía su relación con el mundo. Está desorientado, cierto, pero busca una solución, si bien aún no lo sabe. El camino deviene entonces camino iniciático, transformando la dificultad en oportunidad; la alquimia de la ruta lleva a cabo su eterna tarea de transformar al hombre, de volver a encauzarlo en el camino de su vida.

La travesía por el desafío moral encuentra en el desafío físico que es el caminar su antídoto por excelencia, el que modifica el centro de gravedad del hombre. Sumergiéndose en otro ritmo, en una relación nueva con el tiempo, el espacio, los otros, gracias a su encuentro con el cuerpo, el sujeto restablece su lugar en el mundo, relativiza sus valores y recupera la confianza en sus recursos propios. Caminar le hace revelarse a sí mismo, no de manera narcisista, sino congraciándolo con el placer de vivir y con el vínculo social. Su duración, su dureza ocasional, la vuelta a lo elemental que provoca, hacen que el caminar pueda romper una historia personal dolorosa, abriendo los caminos secundarios del interior del yo, lejos de los caminos trillados donde la pena se va rumiando poco a poco. Hoy se organizan marchas especialmente pensadas para enfermos, de cáncer o de esclerosis múltiple, por ejemplo, para que recuperen la confianza en sí mismos y activen todos sus recursos, tanto físicos como morales, en su guerra contra la enfermedad. En la trama del camino, hay que intentar reencontrar el hilo de la vida.

Fin del viaje

Al final del camino, después de horas o de días, a veces incluso más, tras una larga marcha por las rutas, los pasos se precipitan o se hacen más pesados, según el deseo que se tenga de reencontrarse con los demás, con la vida cotidiana, momentáneamente puesta entre paréntesis hasta entonces. John Dundas Cochrane, que recorrió a pie varios miles de kilómetros, desde Rusia hasta la península de Kamchatka, no sueña con otra cosa que no sea volver al camino: «Se podría pensar que después de un periplo como este me haya curado del espíritu viajero, al menos de su forma más excéntrica; pero esa suposición está muy alejada de la realidad, pues así como soy plenamente consciente de que jamás he sido tan feliz como en las llanuras tártaras, de igual forma nunca como ahora he deseado tanto volver a aventurarme en aquel lugar» (Dundas Cochrane,

T1, 1829, prefacio, XXI). Matthiessen está terminando su largo viaje a pie por el Dolpo. Aunque el leopardo de las nieves ha permanecido escondido y él ha tenido que volver con las manos vacías, Matthiessen acaba satisfecho con este largo viaje que le ha llevado tan lejos en la reapropiación de sí mismo: «Bajo mi anorak, brilla el estandarte de plegarias doblado. El té con manteca y los dibujos del viento, la Montaña de Cristal y corderos azules bailando sobre la nieve... ¡son más que suficiente! ¿Has visto el leopardo de las nieves? ¡No! ¿No es maravilloso?» (Matthiessen, 1995, 266).

¿Qué importa el resultado? Lo que cuenta es el camino recorrido. No se hace un viaje; el viaje nos hace y nos deshace, nos inventa. Y si bien llegamos aquí al final de este libro, en realidad la última palabra no es más que una etapa en el camino: la página en blanco es siempre un umbral, una antesala. Por suerte, volveremos a partir, a pasear por las ciudades del mundo, por los bosques, las montañas, los desiertos, para proveernos nuevamente de imágenes y sensaciones, de nuevos lugares y nuevos rostros, buscar un pretexto para escribir y renovar nuestra mirada, sin olvidar nunca que la tierra está hecha para los pies más que para los neumáticos, y que ya que tenemos un cuerpo, lo mejor será que lo utilicemos. La Tierra es redonda, y si damos la vuelta al mundo, al final acabaremos llegando al punto de partida, listos de nuevo para un nuevo viaje. Tantas rutas, tantos caminos, tantos pueblos, ciudades, colinas, bosques, montañas, mares, desiertos, tantos itinerarios por recorrer, sentir, observar, extender nuestra memoria en el gozo de estar allí. Los senderos, la tierra, la arena, las orillas del mar, incluso el lodo o las rocas, están todos hechos a la medida del cuerpo, y de la conmoción de existir.

Bibliografía: Compañeros de ruta

Abbey, Edward, *Désert solitaire* [*Desert Solitaire: A Season in the Wilderness*], Payot, París 1995.

Anónimo, *Relatos de un peregrino ruso,* trad. de Jordi Quingles, Taurus, Madrid 1981.

Arseniev, Vladimir, *Derzou Ouzala,* J'ai lu, París 1977.

Augoyard, Jean-François, *Pas à pas. Essai sur le cheminement quotidien,* Seuil, París 1979.

Bachelard, Gaston, *La poética del espacio,* trad. de Ernestina de Champourcin, FCE, México 1993.

–, *El agua y los sueños,* trad. de Ida Vitale, FCE, México 1978.

Barret, Pierre, y Jean-Noël Gurgand, *La aventura del Camino de Santiago,* trad. de Valentín Arias López, Edicións Xerais de Galicia, Vigo 1982.

Bashō, *Senda hacia tierras hondas (Oku no hosomichi),* trad. de Antonio Cabezas, Hiperión, Madrid 1993.

Barthes, Roland, *Mitologías,* trad. de Héctor Schmucler, Siglo XXI, México 2005.

Baudelaire, Charles, *El pintor de la vida moderna,* trad. de Silvia Acierno y Julio Baquero Cruz, Cuadernos de Langre, San Lorenzo de El Escorial 2008.

Benjamin, Walter, *Dirección única,* Alfaguara, Madrid 1987.

–, «El París del Segundo Imperio en Baudelaire», en *Poesía y capitalismo. Iluminaciones II,* trad. de Jesús Aguirre, Taurus, Madrid 1972.

–, *Infancia en Berlín hacia 1900,* trad. de Klaus Wagner, Alfaguara, Madrid 1990.

Biès, Jean, *Mont Athos,* Albin Michel, París 1963.

Borer, Alain, *Rimbaud en Abyssinie,* Seuil, París 1984 [trad.: *Rimbaud en Abisinia,* FCE, México 1991].

–, y otros, *Pour une littérature voyageuse,* Complexe, Bruselas 1992.

Bourlès, Jean-Claude, *Retour à Conques,* Payot, París 1995.

Bouvier, Nicolas, *L'Usage du monde,* Payot, París 1992.

–, *Chronique japonaise,* Payot, París 1991.

– e **Irène Lichtenstein-Fall,** *Routes et déroutes (entretiens),* Métropolis, Ginebra 1992.

Breton, André, *Nadja,* trad. de José Ignacio Velásquez, Cátedra, Madrid 2004.

Brosse, Jacques, *Inventaires des sens,* Grasset, París 1965.

Browdie, Fawn, *Un diable d'homme,* Payot, París 1993.

Bruno, G., *Le Tour du monde de deux enfants,* París 1906.

Burton, Richard Francis, *Las montañas de la luna: en busca de las fuentes del Nilo,* trad. de Pablo González, Valdemar, Madrid 1993.

–, *Primeros pasos en el Este de África: expedición a la ciudad prohibida de Harar,* trad. de Marta Pérez, Laertes, Barcelona 2009.

– y **John H. Speke,** *El descubrimiento de las fuentes del Nilo,* trad. de Ana Atorresi, Ediciones del Sol/Unesco, Buenos Aires/París 1996.

Cabeza de Vaca, Álvar Núñez, *Naufragios,* Cátedra, Madrid 1989.

Caillié, René, *Journal d'un voyage à Tombouctou,* 2 vols., La Découverte, París 1996.

Calet, Henri, *Le Tout sur le tout,* Poche, París 1948.

Calvino, Italo, *Las ciudades invisibles,* trad. de Aurora Bernárdez, Siruela, Madrid 2010.

Camus, Albert, *El verano/Bodas,* trad. de Alberto Luis Bixio, Edhasa, Barcelona 1986.

Cayrol, Jean, *De l'espace humain,* Seuil, París 1968.

Cela, Camilo José, *Viaje a la Alcarria,* en *Obra completa IV: Viajes por España,* Destino, Barcelona 1965.

Chatwin, Bruce, *En la Patagonia,* trad. de Eduardo Goligorsky, Península, Barcelona 2007.

–, *Los trazos de la canción,* trad. de Eduardo Goligorsky, Península, Barcelona 2007.

–, *¿Qué hago yo aquí?,* trad. de Alberto Cardín, Quinteto, Madrid 2003.

–, *Fotografías y cuadernos de viaje,* trad. de Víctor Crémer, Anaya & Mario Muchnik, Madrid 1993.

–, *Anatomía de la inquietud,* trad. de Mario Muchnik Clemans, Anaya & Mario Muchnik, Madrid 1997.

Chobeaux, François, *Les Nomades du vide,* Actes Sud, Arlés 1996.

David-Néel, Alexandra, *Viaje a Lhasa,* trad. de Milagro Revest Mira, Índigo, Barcelona 1989.

Debray, Régis, «Rhapsodie pour la route», en *Qu'est-ce qu'une route?, Cahiers de médiologie,* 2 (1996).

Delerm, Philippe, *Les Chemins nous inventent,* Stock, París 1997.

Dia, Oumar, y Renée Colin-Noguès, *Yâkâré. Autobiographie d'Omar,* Maspéro, París 1982.

Dodeman, J.-L., *Tombouctou ou le premier voyage à Djenné et à Tombouctou par René Caillié, 1826-1828,* Épigones, París 1991.

Dundas Cochrane, John, *A pedestrian journey through Russia and Siberian Tartary, to the frontiers of China, the Frozen Sea, and Kamtchatka,* 2 vols., Contable & Co., Edimburgo 1829.

Durkheim, Karl G., *Le Japon et la culture du silence,* Le Courrier du Livre, París 1985.

Engelman, Henri, *Pèlerinages,* Fayard, París 1959.

Fargue, Léon-Paul, *Le piéton de Paris,* Gallimard, París 1993.

Giard, Luce, y Pierre Mayol, *L'invention du quotidien II. Habiter, cuisiner,* 10-18, UGE, París 2006.

Gournay, Jean-François, *Richard F. Burton: Ambre et lumière de l'Orient,* Desclée de Brouwer, París 1991.

Govinda, Lama Anagarika, *El camino de las nubes blancas: un peregrino budista en el Tíbet,* trad. de María Victoria de Andrés, Eyras, Madrid 1981.

Gracq, Julien, *A lo largo del camino,* Acantilado, Barcelona 2007.

Guedez, Annie, «L'homme qui passe (le compagnon itinérant)», en *Nomades et vagabonds* (Col.), 10-18, UGE, París 1975.

Guinhut, Thierry, *Le Recours aux monts du Cantal*, Actes Sud, Arlés 1991.

Hazlitt, William, «Ir de viaje», en *Ir de viaje*, de William Hazlitt/*Excursiones a pie*, de Robert L. Stevenson, trad. de Esteve Serra, José J. de Olañeta, Palma de Mallorca 2010.

Herzog, Werner, *Del caminar sobre hielo. Múnich-París, del 23.11 al 14.12.1974*, trad. de Nicanor Ancochea Millet, Muchnik, Barcelona 1981.

Holmes, Richard, *Carnets d'un voyageur romantique*, Payot, París 1989.

Hudson, William H., *Un flâneur en Patagonie*, Payot, París 1989.

Hugon, Anne, *Vers les sources du Nil*, Gallimard, París 1991.

–, *Vers Tombouctou*, Gallimard, París 1994.

Jarry, Isabelle, *René Caillié*, Lattès, París 1996.

Jourdan, Michel, «Marcher. Une philosophie du dehors», en *Questions de*, 99 (1995), *Marcher, méditer*.

Kazantzaki, Nikos, *Carta al Greco: recuerdos de mi vida*, en *Obras selectas*, vol. III, trad. de Delfín Leocadio Garasa, Planeta, Barcelona 1975.

Klébaner, Daniel, *Poétique de la dérive*, Gallimard, París 1978.

Lacarrière, Jacques, *Chemin faisant*, Poche, París 1977.

–, *Chemins d'écriture*, Plon, París 1988.

Lalonde, Robert, *Le Monde sur le flanc de la truite*, Boréal, Québec 1997.

Lanzmann, Jacques, *Fou de la marche*, Poche, París 1987.

Le Breton, David, *L'Adieu au corps*, Métailié, París 1999.

–, «Les marcheurs d'horizon», en *La Marche, la vie*, Autrement, 171 (1997).

–, *El silencio: aproximaciones*, trad. de Agustín Temes, Sequitur, Madrid 2006.

–, «L'extrême-ailleurs», en *L'aventure. La passion des détours*, Autrement, 160 (1996).

–, *Passions du risque*, Métailié, París 1992 (4.ª ed. 2000).

–, *Anthropologie du corps et modernité*, PUF, París 1990 (4.ª ed. 2000).

–, *Des visages. Essai d'anthropologie*, Métailié, París 1993.

Le Bris, Michel, *Le Grand Dehors*, Payot, París 1992.

Lee, Laurie, *Cuando partí una mañana de verano,* Turner, Madrid 1985.

Leigh Fermor, Patrick, *El tiempo de los regalos: a pie hacia Constantinopla, desde Holanda hasta el curso medio del Danubio,* trad. de Jordi Fibla, Península, Barcelona 2001.

–, *Entre bosques y el agua: a pie desde Holanda hacia Constantinopla: desde el curso medio del Danubio hasta las puertas de Hierro,* trad. de Inés Belaustegui Trías, Península, Barcelona 2004.

Leroi-Gourhan, André, *Les Racines du monde,* Belfond, París 1982.

–, *Le Geste et la parole. Technique et langage,* Albin Michel, París 1964.

Le Saux, Henri, *Une messe aux sources du Gange,* Seuil, París 1967.

Llamazares, Julio, *El río del olvido,* Alfaguara, Madrid 2006.

Maistre, Xavier de, *Viaje en torno de mi cuarto,* trad. de José Zambrano, Astarté, Barcelona 1946 [*Viaje alrededor de mi habitación,* trad. de Puerto Anadón, Funambulista, Madrid 2007].

Matthiessen, Peter, *El leopardo de las nieves,* trad. de José Luis López Muñoz, Siruela, Madrid 1995.

Meunier, Jacques, *Le Monocle de Joseph Conrad*, Payot, París 1993.

Michel, Frank, *Désirs d'ailleurs: essai d'anthropologie des voyages*, Armand Collin, París 2000.

Moutinot, Louis, *La France de part en part*, Éditions de l'Aire, Vevey 1992.

Newby, Eric, *Una vuelta por el Hindu Kush*, trad. de Emili Olcina, Laertes, Barcelona 1997.

Nietzsche, Friedrich, *La gaya ciencia*, trad. de José Mardomingo Sierra, Edaf, Madrid 2002.

–, *Así habló Zaratustra*, trad. de Andrés Sánchez Pascual, Alianza, Madrid 2011.

Perec, Georges, *Especies de espacios*, trad. de Jesús Camarero, Ediciones de Intervención Cultural, Mataró 2003.

Rauch, André (ed.), «La marche ou la vie», en *Autrement* (1997).

Ribey, Francis, «Pas de piéton, pas de citoyen: marcher en ville, un manifeste de citoyenneté», en *Revue des Sciences Sociales de la France de l'Est*, 28 (1998).

Rice, Edward, *El capitán Richard Burton*, trad. de Miguel Martínez-Lage, Siruela, Madrid 2009.

Roud, Gustave, «Petit traité de la marche en plaine», en *Essai pour un paradis*, L'Âge d'Homme, Lausana 1983.

Roussane, Albert, *L'Homme suiveur de nuages (Camille Douls, Saharien)*, Éditions du Rouergue, Rodez 1991.

Rousseau, Jean-Jacques, *Las confesiones*, trad. de Pedro Vances, Espasa Calpe, Madrid 1979.

Ryave, A. L., y J. N. Schenkein, «Notes on the art of walking», en Roy Turner, *Ethnomethodology*, Penguin, Harmondsworth 1974.

Sansot, Pierre, *Del buen uso de la lentitud*, trad. de Mercedes Corral, Tusquets, Barcelona 1999.

–, *Poétique de la ville*, Armand Colin, París 1996.

–, *La France sensible*, Seyssel, Champ-Vallon 1985.

–, *Variations paysagères*, Kilncksieck, París 1983.

–, «Nos chemins», en *Bachelard ou le droit de rêver*, Solaire (1983).

Schelle, Karl G., *L'Art de se promener*, Rivages, París 1996.

Segalen, Victor, *Peintures*, en *Voyages au pays du réel, Œuvres Littéraires*, Complexe, Bruselas 1995.

–, *Equipée*, Gallimard, París 1993.

Sennett, Richard, *Flesh and stone. The body and the city in western civilization*, Faber & Faber, Londres 1994.

Sigal, Pierre André, *Les Marcheurs de Dieu*, Armand Colin, París 1974.

Simmel, Georg, «Essais sur la sociologie des sens», en *Épistémologie et sociologie*, PUF, París 1981.

–, «La metrópolis y la vida mental», en *Bifurcaciones. Revista de estudios culturales urbanos*, 4 (2005).

Stevenson, Robert Louis, «Caminatas», en *Memoria para el olvido. Los ensayos de Robert Louis Stevenson*, trad. de Ismael Attrache, Siruela, Madrid 2005.

–, *Viajes con una burra*, trad. de Alejandro Pareja, Maeva, Madrid 1998.

Tanizaki, Junichirō, *El elogio de la sombra*, trad. de Julia Escobar, Siruela, Madrid 2010.

Tester K. (ed.), *The Flâneur*, Routledge, Londres 1994.

Theroux, Paul, *Voyage excentrique et ferroviaire autour du Royaume-Uni* [*The Kingdom by the Sea*], Grasset, París 1986.

Thoreau, Henry D., *Escribir (una antología)*, trad. de Antonio Casado da Rocha *et al.*, Pre-Textos, Valencia 2007.

–, *Diarios: breve antología*, trad. de Ángela Pérez, Olañeta, Palma de Mallorca 2002.

–, *Caminar*, trad. de Federico Romero, Árdora Ediciones, Madrid 1998.

–, *Journal (1837-1861)*, Les Presses d'Aujourd'hui, París 1981.

Todorov, Tzvetan, *Nous et les autres,* Seuil, París 1989.

Töpffer, Rodolphe, *Voyages en zigzag,* Hoëbeke, París 1996.

Tournier, Michel, *Des clés et des serrures,* Chêne/Hachette, París 1979.

Urbain, Jean-Didier, *L'Idiot du voyage,* Payot, París 1993.

–, *Secrets de voyages,* Payot, París 1998.

Vieuchange, Michel, *Smara. Carnets de route,* Payot, París 1993.

Virilio, Paul, *Essai sur l'insécurité du territoire,* Stock, París 1976.

VV. AA., *Nomades et Vagabonds,* Cause Commune, 10/18, UGE, París 1975.

–, *Henry D. Thoreau,* L'Herne, París 1994.

White, Kenneth, *Le Lieu et la parole. Entretiens 1987-1997,* Scorff, Cléguer 1997.

–, *Le Plateau de l'Albatros,* Grasset, París 1994.

–, *L'Esprit nomade,* Grasset, París 1987.

–, *Une apocalypse tranquille,* PUB, Burdeos 1987.

–, *La Figure du dehors,* Grasset, París 1982.

–, *Segalen. Théorie et pratique du voyage,* Alfred Eibel, Lausana 1979.

Whitman, Walt, *Hojas de hierba,* trad. de Francisco Alexander, Visor, Madrid 2008.

Wulf, Christoph, «La voie lactée», en *Voyager, Traverses,* 41-42 (1987).